テレビ・スマホを消したあとに見えてくるもの

―「大人になる」ための意外で簡単な方法―

中村　昂《こう》

はじめに

近年の世代に「大人になれない現象」が起きているのではないかという指摘は以前からある。ここで、この本のサブタイトルにある「大人になるための意外で簡単な方法」の結論から言ってしまえば、「使い過ぎ」「依存」におちいりがちな電子メディア（テレビ・スマホ・電子ゲームなど）の時間をコントロールして、現代人に不足してしまった「一人でボーっとして物思いにふけっている時間」＝「黙想状態の時間」を増やそう、という事なのだ。え?……、なぜそんな状態が大事なのか?と思われるかも知れない。しかし、この事は本文を読んでいかれれば、段々と理解されてくるはずだ。また、その「黙想状態」とは、もっと具体的にはどういう状態なのか、瞑想とはどう違うのか、この黙想によって詳しくはどんなメリットがあるのか、なども第一章から説明してゆく事にしたい。

そして、**黙想の機会によって頭が「大人」になっていく様だとこの本では考えているのだが、**この話は、第四章、第五章などの中で、脳科学の知識などを使って説明をしている。脳科学者の中からは、黙想―脳科学的にはデフォルト脳活動という―は成人には必要、との指摘も出ており、また既成事実や複数の識者の見解の中には、右の筆者説を支持する材料となり得るものがある事も各章で紹介している。

筆者自身が長期間、黙想の機会を増やすという実践をした結果も、筆者自身がこの説を心強く思う理由である（第六章など）。

この本では、これらの話に関連して、子育てに悩むお母さん達の話や、「電子メディア」の上記以外の問題も取り上げている。具体的には本文をご覧頂きたい。

テレビ・スマホを消したあとに見えてくるもの
——「大人になる」ための意外で簡単な方法——

／

目次

◆第一章◆　時には「黙想」＝「デフォルト脳活動」の時間を持とう

◆第二章◆ 「黙想」の機会を奪ってきた？「何もしない時間の無い生活」と「電子メディア依存」という「病気」

◆第三章◆　電子メディアの「過剰な視聴・使用」から来る影響

◆第四章◆「何もしない時間の無い生活」と「大人になれない私達」との関係は?

◆第六章◆テレビ・スマホを消した後に見えてくるもの

◆第一章◆

時には「黙想」＝「デフォルト脳活動」の時間を持とう

はるか昔からあった「一人でボーっとしている」時間

日本でテレビが家庭に普及したのは今から数十年前・１９６０年代の事だ。そして、その後もう何十年間にもわたって、夜にテレビを見て過ごすという習慣がごく当たり前になっている。また最近は、スマホやパソコンのインターネット或いは電子ゲーム（ネットゲームなど）で家での時間を過ごす人も少なくない。特に若い層ではそういった新しい「電子メディア」が中心になっている人も少なくなさそうだ。

ところで、いきなりこんな事を書けばどう思われるだろうか？　今から数十年前より以前には、そういうインターネット（以下「ネット」と略す）や電子ゲーム（ネットゲームなど）はもちろんの事、テレビも無かった。これは当たり前といえば当たり前の話なのだが、しかし、あなたは、そういったネットもテレビも電子ゲームも無い生活・毎日というのを簡単にイメージできるだろうか？

テレビの普及が１９６０年代の事と先に書いたが、ラジオの普及が始まったのが１９２０年代の事で、１９６０年代までは聴取者が増加していた。つまり、時代的には１９２０年代以前、人は皆、本当にテレビもラジオもない生活を営んでいた事になる。その頃は、電気による「鳴り物」「動き物」が家庭内に無い生活だったのだ。

では、そういう生活で、何か不都合があったかと言えば、どうだろうか？　人は皆、不便に感じていただろうか？　確かに、テレビなどの「電子メディア」がなかった時代は、現代に比べれば「情報」は不足していただろう。新聞や本、雑誌はあったけれども、特に戦争中の様に「大本営発表」といった極めて偏った情報になると、国民は「本当の事」を知る機会が無かったと言える。そういう意味では多様なメディアの発達した現代の方が幸せと言えるだろう。しかし、先の福島原発事故でも、政府発表が「大本営発表」などと揶揄されていた様に、大衆に対する情報コントロールは今でも存在しているらしいし、それにうまく乗せられているのが現代国民の過半であるのかも知れない。

それはともかくとしても、現代人は、そういった非常事態以外、テレビやネットでどんなものを見ているだろうか？　ネットで「必要な調べもの」をするスタイルもあるだろうが、それ以外では、単なる娯楽、或は刺激的なドキュメンタリー、ドラマ、スポーツ中継、時にはニュース、そんな所ではないだろうか。

その中の娯楽には「笑い」も多い訳だが、確かに「笑い」は人間の健康に取って良いとも言われる。

話は少し脱線するが、しかし笑いも度が過ぎると精神不安定を生む事もある様なのだ。だから日常生活の中で時々笑いが生ずる程度が良いものと筆者は思う。これをもう少し説明すれば、生物学的に人間に近い、猿の研究から、笑いの本質・根源が「相手に許しを乞う（相手に受け入れてもらいたいと願う）、また相手を許そうとする（相手を受け入れようとする）事」にあるらしいという科学説を何かで読んだ事がある。確かに人間でも、相手に許してもらいたい時や相手を許そういう時にニコッと笑う事があるだろう。これが人間の笑いの基本・起源だというのだ。人間の笑いは、その後それ以外のものへも進化したらしいが、この「基本の笑い」と想像されている状態を考えれば、そうやって笑う時、その心は平常心からややずれた所にあるのではないか。つまり「（まあ、それ位なら）許しましょう」だ。「いつまでも笑てへんぞ！」という一関西漫才師の決め文句があったが、これなどは正に笑いの本質を突いたものなのかも知れないのだ。

そして、笑いが普通の生活の内で自然に時々出て来る程度ならともかく、職業として常に笑わさなければならない「お笑い芸人」などは、この「少しずれた精神状態」に常に対応しなければならなく、それがどうも心の負担となる事があるらしいのだ。というのは、落語家の桂ざこば（旧名：桂朝丸）さんは、お笑いの仕事をする中で、かつて「対人恐怖症」に陥って、その治療を続けていた時期があり、これが回復したのちに朝日新聞の取材にこう答えていたのだ。「でもね、わたしだけじゃなくて、笑ってもらうことを商売にする人間はみんな、程度の差こそあれ、精神のバランスを崩すこと経験してはるんちゃいますか[1]。」

さて、「笑い」の話はこれ位にして、話を戻そう。現代人のテレビ習慣、ネットや電子ゲームの習慣についてここで考えてみたい。話が大きくなると思うかも知れないが、人類の歴史を約５００万年とすれば、その歴史の中で、そういう「電子メディア」の無い時代をずっと過ごしながら人類は進化して来た。そこで、そういう時代の事を想像してみると、例えば、何かの仕事で疲れて一休みする時にも、する事がなくなるとすぐにスマホを取り出す現代人とは違い、遠くの景色を眺めたりしてぼんやり過ごす事が多かっただろう。また例えば、誰もいない草原を一人歩いている時にも、スマホで情報検索しながらではなく、ただ頭が自由になったままに歩いていただろう。夕食の後は、夜間はたき火で暖を取るなどして（たき火には害獣・害虫を避ける意味もあった様だが）、それを見つめながら、やはり、することもそれ程なく過ごしていたはずだ。昔の生活では、昼間はかなりの重労働も多かったはずだが、こういうぼんやり、ボーっとして頭が自由になっている時間というのも、折につけてあったと想像できるのだ。実は、近年のサルの研究から、サルでもそういう状態が時に見られるという。[2] 人間はサルから進化した訳で、それなら、やはり人間でも原始人の時代からそういう状態の時間があったと考えられる。

では、果たしてそういう「ボーっとしている時間」は、人間にとって「意味のない」時間だったのだろうか？　実は生物の進化を考えれば、そういう「意味のない」ものというのは少ないのだ。全くないという訳でもないが、何らかの「意味のあるもの」である事が多い（余談だが、人間のＤＮＡの塩基配列のかなりの部分も、「意味のないもの」と以前は考えられていたが、最近になって、そうでないかも知れないという話になりつつある）。

現代の私達でも、そういう「ボーっとする時間」が少しでもあれば、その時、頭は何も考えていないだろうか？（特に静かな場所でそうしていれば）そうでもないはずだ。何か頭に浮かんでいるはずだ。それは、その日一日の出来事を思い出していたり、或は、これから先の事を想像していたりだろう。そして、それは「能動的に」考えている訳では無く、自然に浮かんで来ているもののはずだ。

実は、こういう「ボーっとして何か頭に浮かんでいる状況」というのが人間にとって大事であ

るというのが、最近、科学的に分かって来つつある。本当はそういう「科学的証拠」など無くても大事だと察していなければならないのかも知れない。しかし屋内ではテレビに始まった種々の電子メディアに囲まれ、また屋外でも喧騒に囲まれた都会で暮らす現代人では、ボーっとする事があっても目の前や周囲の状況に気を取られて「内的思考」の状態になる事は少なそうだ。また「忙しい事」を美徳の様にしている人では、ボーっとする事自体に罪意識を持っている人もいるかも知れない。そんな所からか、現代ではボーっとする事（それによって生じる内的思考）の大事さに気付いて来なかった人が少なくないのだろうか？　また大事だろうと感じて来た人でも、今まで「科学的証拠」が十分でなかったので余り声を大にして言えなかったのではないだろうか（その「科学的な証拠」は、次の項目で書く）。

現代の日本人は、そういう「ボーっとして思いを巡らす時間、物思いにふける時間」を、やはり余り持っていない様である。これには、ちゃんと裏付けデータが存在していて、ＮＨＫが５年ごとに行なっている「国民生活時間調査」がそれだ。この調査では、日本人５千人以上を対象として、１日の中で、どういう事にどれだけの時間を使ったかを事細かにアンケートで尋ねたのだが、その調査結果[3]によると、１日の中で、何もしていない時間が含まれる「休息」カテゴリーに該当する時間があると答えた人は、全体の４割ほどに過ぎず、しかも、この「休息」のカテゴリーには、おやつの時間、お茶の時間も含まれており、また労働者の昼食後の休憩時間を「休息」と答えた人もいそうで（但しこの時に寝ていたり人と会話していたりは別カテゴリーになる）、また、自分以外の人間が何かをしたりしゃべっているのをただ見ているだけの状態をこの「休息」と答えた人もいそうだ。こうなって来ると、実際に一人きりでボーっとして物思いにふけっている時間は果たしてどれ位あったのだろうかという事になって来る。

しかし、そんな現代人でも、どういう状況の時に「ボーっとして物思いにふけっている状態」になるだろうか？　それは例えば、静かな自宅内で一人で椅子に座って休んでいる時、また夜、寝床に入って寝入るまでの間や、朝、寝床で目が覚めたけれどもまだ起き上がるまでの間、こういった時には「ボーっと」して色々な事が頭に浮かんでいるはずだ。一人でトイレに入っている時もそういう事があるだろう。短時間なら、これら以外の時にもそういう状態の時がある事に気付くだろう。

社会人なら仕事中に、学生なら学校内で、「ボーっと」している状態が「長時間」生じる事は余りないかも知れないが、そこが特に静かな環境の場合には、短時間なら、職場や学校でもそういう状態になる事はあるかも知れない。

ここで、自宅内でのそういう時の状況を考えれば、自宅なら慣れた場所なので、いつもと同じ光景でもあり、脳への視覚刺激は少ない（これは外出して見知らぬ土地にいる時と比較すれば良く分かるはずだ）。そして、周りの人間に話しかけられる事も無く、他にも大きな音や視覚刺激で気が散ることも無い状態であれば、そういう時に、その「ボーっとして」思いを巡らす状態がよく出現しているはずだ。**筆者はこの状態を「黙想《もくそう》」の状態と名付けたい。この状態が人間にとって大事である事が科学的に分かって来つつあるのだが、それを次項以下述べてゆく。**

注：この本での「黙想」は、その時、眼が開いているにせよ閉じているにせよ自然に任せている状態である。意識して閉じなければならないものではない。頭に浮かぶ思いも自然の流れに任せて、意識的にコントロールしない状態だ。この「黙想」に似た言葉に「瞑想」があるが、こちらは「目」も「思い」もコントロールするものを指す言葉と考えられ、この本では、この「瞑想」と「黙想」は別のものと考える。また、瞑想では、読者に特に注意喚起したい事もあって、それはこの章の後の方で書く。

黙想状態

科学的に分かってきた、脳内の「デフォルト・モード・ネットワーク」が使われる「デフォルト脳活動」＝「黙想」の重要性

さて、この黙想だが、これが人間にとって重要なものだと近年、科学的に分かってきつつあるのだが、脳科学分野での研究から黙想状態での脳の活動が重要らしいと言われ始めているのだ。

この分野の研究によると、まず、脳には、人がボーっとしている状態＝黙想状態の時に活発になり、逆に人が活動的にしている時には不活発になる領域がある事が分かって来た。これは近年、脳の内部活動の状態を外部から観察できる装置（ＰＥＴやｆＭＲＩといった装置）が発達したおかげで分かって来たのだ。そして、人がそういう非活動的状態の時（つまり黙想状態の時）に活発になる脳領域の事を脳科学者は「**デフォルト・モード・ネットワーク（ＤＭＮ、デフォルト脳部位）**」と名付けた。「デフォルト」はここでは脳の基底状態を指し、その時に（＝そのモードで）活発に働く脳内のいくつかの領域のネットワークという意味だ。また、その時のその脳領域での脳の活動の事を「**デフォルト脳活動**」と呼んでいる。

つまり、**先に「黙想」と名付けた状態は、脳内で「デフォルト脳活動」が行われている状態と考えられる。**

そして驚く事には、このデフォルト脳活動によって脳内で消費されるエネルギー量は、脳内すべてで消費されるエネルギー量の60～80％にもなるという。一方、仕事をしたり本を読んだりと

いった「意識的な活動」に使われるエネルギーはたかだか5％程度で、また、残りの20％のエネルギーは脳細胞のメンテナンスで消費されていると考えられている。[4]つまり、外的な刺激の処理や何かの作業時など、デフォルト脳活動以外で脳内で消費されるエネルギー量よりも、デフォルト脳活動で消費されるエネルギー量の方がずっと多いらしいのだ。

そして、このデフォルト脳活動で活発になる脳の領域であるデフォルト・モード・ネットワークとは、どういう働きをするどんな領域かというと、こう考えられている。ひとつには「過去の経験などを思い出す時に活動する脳深部の領域」であり、また「自分の感情や他者が考えている事を推測したり、自分が置かれている状況を洞察したりする時に活動する領域」である。これらを換言して、「記憶」や「内的思考（推測など）」に関する領域とも言われる。つまり、こういった脳領域では、デフォルト脳活動（黙想）の際に、ある状況を正しく認識する為の記憶の思い出しや洞察・想像が行われている（意識的というより、頭が自然にそう働く）と言えるだろう。

脳内情報の整理・取捨選択

また、デフォルト脳活動（＝黙想）の際に、既に脳に記憶されている情報の整理も行われているらしいと想像されていて、[5]そういった情報の取捨選択が行われて、不要な記憶を脱落させてゆく作業も行われている様だとも考えられている。[6]この話も私達にとって、かなり意味のある話に思えるのではないだろうか。

過去の思い出し、現在・未来の洞察・シミュレーション

デフォルト脳活動（＝黙想）の際に、脳内で行われている事について以上に少し書いたが、その詳細は未だ十分に解明されていないのが実情らしい。そこで、これまでに専門家から、恐らくこうではないか、こうだろう、と推測されている事から（と筆者自身などの経験も併せて）、もう少し詳しく黙想時の頭の活動について述べてみる。

まず、先に述べた様に、このデフォルト脳活動（黙想）の際には脳で消費されるエネルギーの6〜8割もが消費されているというのだから、頭にとって相当重要な活動である事は考えられるだろう。

そして、この黙想時には、自分の置かれている状況や自分の周囲の状況をぼんやりと思い浮かべている時があるはずだ。それが、自分と周囲の人との間の人間関係の場合もあるが、そういう時は、自分の他人に対する気持ちを考えていたり、また他の人間の気持ちを想像していたりもしているだろう。そこで、そういう想像があれば、その後、その人と実際に接した際に、その想像が頭に残っていて、その場で活きる事もあるのではないだろうか？

また、人間関係以外で、何かの作業・仕事を過去から現在からこの先まで続ける予定がある場合、その作業・仕事の事を思い浮かべている事もあるだろう。そして、その作業・仕事に関する

過去の失敗を思い出して、あれは、ああすれば良かったなどと考えていれば、それはそれで、この先、失敗を繰り返さなくて済むかも知れない。また、作業を、これはこうして、あれはああして、これの後にあれをやって、これを先にやって、などと、実際の作業での良いと思う方法を自然と頭でシミュレーションしている事もあるだろう。そこで、そういうシミュレーション（模擬実験、予行演習）が事前にあれば、その後、実際にその作業に取りかかった時に、その作業がスムーズに行く様になる事も予想できる。予行演習（脳内での）が、もうなされた後なのだから。

こういう脳内のシミュレーションは、実はスポーツ分野では既に積極的に取り入れられ実践がなされている。イメージ・トレーニング（和製英語）というものだ。メンタル・リハーサルとも言う。これは運動選手が、外的刺激のない静かな場所で、自身の競技している状態を頭に思い浮かべる行為である。これを行なう事で、実際の競技時の成績が向上するのではないかとの考えのもと、実践されている。

ただ、このイメージ・トレーニングでは、その「想像」を意識的に行なう訳だが、本来のデフォルト脳活動（黙想）は、意識的に行なうものでは無く、頭に思い浮かぶ事を自然のままに放っておく状態である。実は、この違いは、ちょっと注意が必要な事かも知れず、筆者は自然に放っておく「黙想」の方をおすすめしたいのだが、その理由はこの章の後ろの方「瞑想」の所で書く。

ひらめき・発見

デフォルト脳活動（黙想）の際には、脳内に蓄えられていた様々な記憶がデフォルト・モード・ネットワークによって想起されてゆくうちに、それらが関係付けられて、今までになかった新しいアイデアが生み出される事もあるとも言われている。いわゆる「ひらめき」だ。実際、歴史に名を残した画期的発見や発明を成し遂げた秀才達は、（そんなことは意識していなかっただろうが、デフォルト・モード・ネットワークを使って）黙想時にそのアイデアを思い付いている事が多い。例えば、日本初のノーベル賞を取った湯川秀樹博士は、賞の対象となった「中間子理論」のアイデアを夜、寝床で寝入る前に思い付いたというし、同じくノーベル賞の福井謙一博士も、やはり寝床で賞の対象となるアイデアを思い付いたという。これらは正に黙想（＝デフォルト脳活動）の行われている時間だろう。

一般人には、ノーベル賞級のアイデアは中々難しいかも知れないが、しかし人生を歩んでゆく上で、深い思考・洞察ができる能力はぜひ身に付けておきたいものだろう。そうでないと、極端な話、生きてゆく上での大きな問題にぶつかった時、心がそれに対処できずに「心の病」を患う事にもなりかねないのではないか。これを極端すぎる話と思う人がいるかも知れないが、精神医学の分野からも、同様の指摘がなされている。[7] また実際、近年、デフォルト脳活動（黙想）の機会の減っていると考えられる世代では心の病が増加傾向にあるとの指摘もある。[8] また、デフォルト脳活動の障害がアルツハイマー型認知症やうつ病と関係しているのではないかとの指摘もある位なのだ[7]。

（以上3項目での主な参考文献：注［4］［9］）

歩行時でも、状況によっては……、では子供は？

以上の黙想＝デフォルト脳活動だが、静かな室内でだけでなく、歩行中でも状況によっては出現する事がある。例えば筆者は、とある郊外の川の堤防上の道を歩いている時、この黙想をしている自分に気付いている。但し、この堤防上の道を横切る幹線道路が近付くと、この黙想状態は途切れてしまう。車が左右から次々とやって来るし、車の音の方にも注意が行ってしまい、とても黙想状態ではなくなるのだ（もしこの時、無理に黙想を続けていたら、車にはねられるかも知れない！）。

京都にも「哲学の道」といって、やはり川の堤防上の道があり、私は行った事がないが、ここも恐らく、歩き慣れた人には視覚刺激や音刺激が少なく、黙想状態になれる場所だったのだろう。「だったのだろう」と過去形で書いたのは、ここが近年、一種の観光名所になっているらしく、そうなると、沢山のすれ違う人に気をとられて、「黙想」どころではなくなっているのではないかと思うからだ。

ところで、子供は「黙想」状態になるだろうか？　しかし「**デフォルト脳活動は正常な成人の精神活動には必要とされ、子供には十分に見られない**」という科学説もある。[10]「デフォルト脳活動（＝黙想）が正常な成人の精神活動には必要」と言い切っている所が頼もしいが、一方、子供にはこれが十分に見られない、という。ただ、黙想を邪魔する様なモノ、例えばテレビやスマホはその代表だろうが、そういうものによって、本来は少しはあるはずの黙想の時間が無くなっているという部分があるならば、それはそれで問題なのだが。以上の説でも「十分に見られない」としているので、（本来は）少しはあるという事かも知れない。但し、小さな子供には本当にそういう時間は余り無いのかも知れない。**筆者は、（遅くとも？）「少年期」ぐらいになればある程度そういう時間が出て来ると思うのだが、この事はこの本第四章でもう少し詳しく述べたい。**

黙想・睡眠と記憶力　その1

さて、黙想（＝デフォルト脳活動）の状態で働いていると考えられるデフォルト・モード・ネットワークは、記憶の定着とも関係していると考えられつつある。何かを体験・学習した後で、「ボーっと」している事で、その体験・学習内容が良く記憶されるという研究が、いくつか出て来ているのだ。[11]

また、記憶の定着に関係している事がもう少しはっきりして来ているのは「睡眠」である。端的に言うと、寝る事によって、頭に入ってきた情報が記憶としてより定着しやすくなる、というものだ。例えば実験で、ある事を学習させたのち、そのまま起きていた人（複数人）と仮眠を取った人（同）とで、どれだけ学習したことを覚えているかをテストをすれば、仮眠を取った人の方が成績がかなり良くなるのである。[12] この他にも睡眠で記憶が定着しやすくなる事を示唆する研究が様々になされている。

そして、黙想によっても記憶は定着しやすくなるかも知れないという事なのだが、この理由についてのヒントもある。黙想時には様々な事が頭に浮かんでいる。これが鍵ではないだろうか？脳科学では、想起（思い出す事）がその事の記憶を良くすると言われているからだ。黙想によって自分の経験した事や覚えた事が次々と頭に浮かぶと、それだけでその事がより記憶として残りやすくなる事が想像出来るだろう。逆にそれが無いと、記憶として残り難くなるだろう。

人生十数年～何十年生きて来て、自ら経験した事や取り入れた知識が記憶として残る率が低いとすれば、そんな勿体ない事はないだろう。せっかく長い間生きてきた甲斐がないというものだ。頭にある記憶は、その後生きてゆくための糧《かて》のはずだし、また、そこには子供に伝えるべきものも含まれているのではないか。

記憶に関するエピソード二つ

「記憶」に関して、前項で述べた事で説明が付く実際の話がある。大分前になるが、歌手でピンクレディーという2人組（デュオ）がいた。彼女たちは、もう当時は爆発的な人気で、そういうタレントにありがちな超多忙の毎日を送っていた。「寝る間もない程」忙しかったらしく、筆者の少し曖昧な記憶かも知れないが、このデュオの1人が解散してしばらく後のインタビューに答えて言うには、「睡眠時間3時間」の毎日だったとか、寝ている時以外は日本中を東へ西へ北へ南へと大忙しだったと答えていた。そしてそのインタビューで筆者の印象に強く残ったのは、その彼女が「あの頃（爆発的人気で大忙しだった頃）の事はほとんど何も覚えていない」と答えた事だ。普通なら、超人気なので強い印象として逆に良く覚えていても良さそうなのに、だ。彼女が何故その時期の事をほとんど覚えていないのか？　しかし、前項目を読んだ読者には、その理由が何となく分かるのではないか？　つまり彼女達は、睡眠が十分にとれず、また一日を回想する時間（つまりこの本で書いて来た「黙想」状態になっている時間）ももちろんほぼ無かっただろうし、その中で東奔西走の毎日を送って来たはずだ。経験が記憶として頭に残らなかったのも当然なのではないだろうか。

記憶に関してもう1つのエピソードを紹介しておこう。ドイツのミュンヘン国際空港の近辺に住む子供達に対する科学調査で、その子供達の読書力と長期記憶が損なわれている事が分かったという。[13]空港周辺といえば非常な騒音地域である。この子供達は血圧も高く、興奮した際に発生する体内物質のアドレナリンの濃度も高かった。この2つは、空港騒音に対する体の興奮反応として理解できるものだ。そして、騒音が読書の妨げになり、読書力が低下したというのも話としては分かりやすいだろう。そこで、もう1つの現象・長期記憶が損なわれているというものだが、しかしこれも、前述の話に照らし合わせれば、分かって来るのではないか。空港騒音によって、黙想も、また深夜の睡眠中も飛行機の発着があったとすればそれによって直接的に睡眠も、妨げられていたはずだ。もし深夜の発着が無いとしても、先述した様に、彼らは（騒音によって）アドレナリン濃度や血圧の上昇という一種の「興奮状態」にある訳で、「黙想状態」は自然出にくいだろうし、夜、寝る時間になっても中々寝付けなかったかも知れない。つまり、空港騒音によって黙想も睡眠も低調になっていたとするなら、記憶が損なわれているというのも全く理解できる話になって来るのではないか。

但し少し付け加えれば、この一種の「興奮状態」は、夜間のテレビ視聴や最近ではネット閲覧で似た状態になっている人がいないだろうか？（第二章以降で詳しく書く）。

黙想・睡眠と記憶力　その2

以上の様に、黙想や睡眠の不足によって記憶が妨げられる事が考えられるのだが、記憶の定着を妨げるもう一つの要素がある。それは「情報の過多」或は「余計な情報」である。こういう実験がある。ある被験者は覚えなければいけない内容（音節のリスト）を夕方早い時間に学習し、別の被験者は就寝直前に学習した。どちらの被験者も24時間後にそれをどれだけ覚えているかのテストを受けた所、就寝直前に学習した被験者の方が良く覚えていたという。[14]この実験ではどちらの被験者も睡眠を取っているので、睡眠による記憶の促進という点では同じ条件だ。ところが学習後、寝るまでの時間が長かった方が覚えが悪いという結果になっていた。これの意味する所は、こうらしい。学習した後に、それが睡眠によって頭に残る前に他の情報が頭に入って来た為に、前の情報が消えがちになったという事だ。実際、心理学者は「記憶の定着は先の経験のあとに新しく経験した事によって妨げられる事もある」と言い、これを「遡及介入《そきゅうかいにゅう》」と呼んでいる。[15]

この話は現代人にとっては示唆的なものではないだろうか？　というのは、現代人はテレビやスマホやパソコンといった「情報の洪水」の中で過ごしている人が多いはずだからだ。先に述べた事を考えれば、こういうものが「過剰」になって来ると、自分にとっての「本当に大事な体験・情報」が、どこかへ吹っ飛んでしまう恐れはないだろうか？　「情報」は確かに現代を生きてゆくのに必要だし、あった方がより良い生活が出来るだろう。しかし、テレビやスマホなどを見て得ている情報は、本当にそういう「自分にとって大事な情報」だけではないのではないか？

また、自分自身の体験やそういった情報を元にした「洞察」、例えば「あの事はどういう事だったのか……？」「あの人のあの言葉の真意はどこにあったのか……？」、こういう事を考える事は人間にとってとても大事な事のはずだ。「黙想」の中で、こういう洞察・想像を重ねていく事で、人間の心は成長してゆくのではないのだろうか？

黙想と洞察・想像の実際

前項の最後に少し述べた様に、「黙想による洞察・想像」は、恐らく心にとって相当に大事な事と考えられるし、またこれらの力を付ける事は人格形成に大きな役割を果たしているのではないだろうか。

そこで例を出す。ただ、筆者の卑近な例で申し訳ないのだが、私がいつも行くある食料品店での話だ。私はいつもその店で買い物をしているのだが、そこの店員の女の子（高校生？）から、ある日突然「色目」を使われた。「色目」と言うと俗な言い方だが、要するに「ニコッ」とこちらを見て、またいかにもこちらに好感を持っているという態度を示したのだ。これは営業スマイルでなく年頃の女性が示す独特の態度だった。その女の子は普段は客に「営業スマイル」的なものをほとんど見せない子だったし、私もその店にずっと行っていてその子に何度となくレジをやってもらっているのに、そういう態度は初めての事だったのだ。しかしその日以前にその女の子が私に対する気持ちを変化させる出来事があったかというとそれも思い付かない。私は長年、心臓を悪くして独身で来たが、もうとっくに中年で（見た目には実年齢よりも少し若く見えるかも知れないが）、相手の女の子は見た所、高校生ではないかと思う様な女の子だ。二人がカップルになる事はちょっと考えられない年の差で、女の子の方もそれは分かっていただろう。でも、その時初めてそういう態度を取った。

私は（その場でなく家に帰った後で）想像したのだが、これはひょっとして女の子はもうその店をやめるのではないかと。もし、やめる予定がないのに私にそういう態度を取れば、私だって男だし、その女の子、私にはかわいい女の子に見えたので、年の差にも拘らず、私から何らか積極的働きかけをした可能性もある。でも女子高生（?）の女の子にすれば、それはやはり不安で、単なる憧れにとどめておきたい、という所でそれまでそういう態度を表に出さなかったのではないか。でも店をもうじきやめるので、最後に私にそういう態度をとって店をやめれば後は安心（安全?）、とそう考えて、そういう態度を取ったのではないか、と私は想像したのだ。

それで実際どうだったか、って? 本当にその通りだったのだ。女の子はその後、もう店にはいなくなってやめた事が分かった。

さて、こういう話、筆者がどこでどうやってその想像が出来たか、というのは先にチラッと触れたが、正にそういう事だったのだ。家の中であって、しかも「黙想」を通じて以上の事を想像していたのだ。

以上、筆者の個人的な例だったが、これも黙想による一種の「洞察力」「想像力」の例と思って頂ければ話を出した甲斐があるというものだ。そして、そういう「洞察力」「想像力」というものは、誰の人生でもきっと役立つ事があるはずで、私も「黙想」と呼べる様な状態がほとんど無かったかも知れない若い頃だったなら（若い頃は本当にそういう状態が少なかった様に思う）、女の子がそういう態度を示しても、その真意を察する事は出来なかっただろう（好意を持っている事すら分からなかったかも知れない）。しかし、今の私には、その時の体験が頭の中で自然と回想されてゆくうちに（これが黙想）、以上の様な事が想像されたのだ。

そして、今後もし私が今回と似た事、同じ様な事を再び体験したならば、その時は、家に帰らずとも、もうその場か、そうでなくとも程なくして、相手の心の中を想像する事が出来るかも知れない。何故なら、脳に、もう（今回の黙想を通じて）そういう思考回路が形成されていると思うからだ。

ともかくこういった「洞察」「想像」の積み重ねが、人間の人格形成、成長に大事な事なのではないだろうか、というのがここで言いたかった事だ。

ただ、最後にちょっと付け加えておくと、ある出来事に対する情報が余りに少なすぎると、そういった「洞察・想像」も的外れの単なる「思い込み」になってしまう可能性もある。実際を知ると、その思い込みとかなり違った話だった、という様な事である。だから、黙想による「洞察・想像」と同時に、「情報」もやはりあった方が良いのである。それは心に留めておきたい。

文豪が書く「黙想」

ここで、（特に比較的長い時間の）「黙想」の状態がどういうものか、より良くイメージできる材料があるので紹介しておく。明治時代の文豪・夏目漱石がエッセイの中で自分自身のその状態をうまく表現している。さすが文豪と呼ばれるだけあって、黙想状態を巧みに表現しているのだ。

以下に示そう。

今私の住んでいる近所に喜久井町《きくいちょう》という町がある。これは私の生れた所だから、外の人よりもよく知っている。けれども私が家を出て、方々漂浪して帰って来た時には、その喜久井町が大分広がって、何時の間にか根来《ねごろ》の方まで延びていた。

私に縁故の深いこの町の名は、あまり聞き慣れて育った所為《せい》か、ちっとも私の過去を誘い出す懐かしい響《ひびき》を私に与えてくれない。然《しか》し書斎に独《ひと》り坐《すわ》って、頬杖《ほおづえ》を突いたまま、**流れを下る舟のように、心を自由に遊ばせて置くと、**時々私の聯想《れんそう》が、喜久井町の四字にぱたりと出会ったなり、其所《そこ》でしばらく彽徊《ていかい》し始める事がある。

この町は江戸と云《い》った昔には、多分存在していなかったものらしい。江戸が東京に改まった時か、それともずっと後《のち》になってからか、年代はたしかに分からないが、何でも私の父が拵《こしら》えたものに相違ないのである。

（筆者注：以下、氏は、その黙想の中身を改めて書き出している）私の家の定紋が井桁に菊なので、それにちなんだ菊に井戸を使って、喜久井町としたという話は、父自身の口から聴いたのか、又は他のものから教わったのか、何しろ今でもまだ私の耳に残っている。父は名主がなくなってから、一時区長という役を勤めていたので、或はそんな自由も利いたかも知れないが、それを誇にした彼の虚栄心を、今になって考えてみると、厭《いや》な心持は疾《と》くに消え去って、只《ただ》微笑したくなるだけである。

（『硝子戸の中』第二十三章より　一部太字化は筆者による）

以上を読めば、彼が黙想を通じて「過去の事を思い出し」、また「自分の感情や他人の気持ちを推測したり」と、正に前述した通りの「デフォルト脳活動」＝「黙想」の脳活動を行なっている事が良く分かる。

そして、この最後のセンテンスでは、彼が、自分の父親をも客観的にまた自分と対等にも眺めて、ずいぶん「大人っぽい」感想を導き出している事も分かる。

確かに「大人っぽい」はずだ。父親の心情を想像して、その見栄心を許そうという気持ちに変化しているのだ。そして、こうした、相手を思いやる気持ちが「黙想」によって生まれている事にも注意をうながしておきたい。

「黙想」と「瞑想」は違う――「瞑想」に対する注意喚起も

ところで、今まで書いてきた「黙想」に似た言葉として、「瞑想」の語がある。むしろこの「瞑想」の方が一般にはなじみが深い言葉だろう。

一方の「黙想」の語だが、例えば剣道の練習の際に、その前後に指導者が「黙想！」と指示して意識的に行なう事もある様だ。この時は目も意識的に閉じてやっているという。しかし、これは、この本では「黙想」ではなく「瞑想《めいそう》」と呼びたい所だ。というのは、辞書（『広辞苑』『日本国語大辞典』）を見れば、「瞑想」は「（意識的に）目を閉じて静かに（ある物事を）考えること」とあり、一方「黙想」は「目を閉じて行なう」とも「眼を開けて行なう」ともなっておらず、ただ、「黙って考えにふけること」（日本国語大辞典）、「無言で考えにふけること」（広辞苑）とだけあるからだ。これらの辞書の解釈を参考にすれば、先の剣道での場合は、やはり「瞑想」の語がふさわしいだろう。また、ボーっとして思いを巡らしている状態が勝手に出現している状態、つまり「黙想」とこの本で呼んでいる状態では、眼を閉じている時もあるが、開けている時も多いが、この状態に対しては、やはり、改めて「黙想」の語が適当と解釈できるだろう。ある程度信用できそうなネットサイトでも、両語の区別はこれと同様か準じた形でやっているものが多い。

そして、こうやって両語の違いにこだわるのは、実はこの2つの概念の中に注意すべき違い部分を含んでいると筆者は考えるからだ。「黙想」では、目もそうだが、頭の中に浮かぶ思いも、自然な流れに任せている状態であり、この点に関わる違いである。

そこで、一方の「瞑想」の事について、もう少し調べてみると、瞑想には様々な種類がある様なのだが、日本人に最も知られて来たのは坐禅《ざぜん》（座禅）での瞑想だろう。ただ、坐禅を瞑想で無いとする考え方もあってややこしいのだが、坐禅では、目は「意識的」に「半眼」（目を半分開けた状態）にするというのは、どの流派でもほぼ同じらしい。また、坐禅中に頭に浮かんで来る

瞑想と、（この本でいう）黙想とは違う

様々な想念については、「思いは思いのまま放っておけ」ともあり、これなら「黙想」と同じかと思えば、それと同時に「思いにとらわれるな、追うな」というルールを説く場合もあって、前者のルールの上にこのルールでは、どういう事なのかちょっと分からない。さらに「雑念を捨てろ」と説く場合もあって、これでは、さらにどうすれば良いのか分らなくなる。

また坐禅では、座るまでや座ってから後の体位などにも細かくルールが定められている。この辺りもこの本での「黙想」とは大いに違う所だ。**もとより、一方の黙想では、意図して行うものでは無く、自然な生活の中で自然と出て来るものだ。**他方、坐禅は、当然それを意図して行なっている訳だ。また坐禅中の「想念（思い）」の処理の仕方にも何か自然に任せず、「意識的にコントロールする」意図がある様に思う（ただ、先述した様に、坐禅時のその教えそのものが筆者には真意が分かりかねるのだが）。

また瞑想には、他に例えば、最近欧米で流行している「マインドフルネス瞑想」というものがある。ここにも、何らかの「意識して行なう部分」が含まれている様だ。マインドフルネス瞑想をさあやろう、という時点で坐禅と同じくもう意識的な訳だが、これ以外、これの実際の瞑想中にも「意識的なもの」が含まれている様だ。「マインドフルネス瞑想」にもいくつかの方法がある様だが、どの方法でも自分の心を「意識的に」どこかに向けるという事になっている様だからである。

ここで「意識的なもの」のあるなしを強調したのは、これら「意識的なもの」を含む（つまり心や身体のコントロールを含む）瞑想では、稀ともいわれるが、精神不調を引き起こした例があるからだ。[16] マインドフルネス瞑想は、まだ欧米で流行してそれほど経っておらず、症例は少ないが、それでもこれを行なった人の中に、パニック、うつ、精神不安などの症例が報告されている。瞑想を行なうヨガでも心身の不調を訴える人がいる。また歴史の長い日本の坐禅でも、以前から「禅病」或は「魔境」ともいうものが知られており、坐禅修行者は時にこの状態に陥る事があると以前から言われて来ている。この禅病・魔境は今で言う精神・神経疾患の事と考えられている。

そして、これらの精神・神経の不調（やそこから引き起こされると考えられる身体の不調も）を訴える事がある瞑想は、皆「意図的な心のコントロール」を含んでいるという点が重要なのではないだろうか。つまり、この事によって心の不調が起きる事があるのではないか、と筆者は考えたい。

一方の黙想（この本で書く黙想）は、一切「意図的」なものは含まれていないし、この黙想は人類500万年の歴史の中で自然に存在して来たものだ（さらに以前、サルの時代からあった可能性がある。前述）。そういうものの害はちょっと考えられないし、もし、この黙想で心身の不調が出るものなら、今までに、もっと精神・神経疾患の人間があふれていたのではないかと思う。

但し、「気を紛らわす」という言葉がある。テレビや他の電子メディアに夢中になって黙想の時間が少なくなってしまったと考えられる現代の中年以下の層にはこの言葉自体、もうピンと来なくなっているかも知れないが、この「気を紛らわす」というのは、黙想状態であれこれ頭に浮かんでいる内に、イヤな事、思い出したくない事ばかり浮かんで来て、それを考えたくなくて、何か意識が他にいく行動をわざと取る事だ。例えば男性なら「釣り」が「気が紛れて良い」という人もいたし、女性なら何か家事で気を紛らわしていたかも知れない。することは何でも良いのだが、ともかくそういう行動というのも、自然な心の働きに基くものなので、**これについても、止めるべきではないだろう。**この本で黙想が大事だと説いても、それがイヤなら、そうやって気を紛らわすのが自然なのである。その時、もし無理に黙想を続けるなら、それこそ、最悪その事で頭がパンクして、先に書いた例と同じ様に精神に不調をきたす心配すらあるのではないか。

「能動的活動」「情報」と「黙想」のバランスを!

これまで、「黙想」の大切さを強調して来た。これで読者に筆者の言いたい事の真意が伝わっただろうか？　しかし逆にこれまでの話を読んで、「そうか、黙想がそんなに大事なのか!」と、長時間にわたって黙想の時間を取り過ぎるのはまた考え物である。黙想だけでなく、**「能動的な活動」という当たり前の活動が十分必要なのはもちろんの事だ。また、現代社会はかなり複雑で高度なものになって来ている。だから知識・情報の取り入れもなおさら必要なのである。そして、そういう能動的活動や情報によってもたらされた経験・知識を、頭の中で洞察・整理して、より**

深いその人なりの理解に繋げる作業としての「黙想」の時間を持とう、というのがここでの話なのだ。

また、洞察・想像が大事だと言っても、先にも述べた様に、その対象となっている事に関する情報が余りに不足していると、「思い込み」に陥る事もある。こうだろう或はこうではないかと想像していても、実際に後からその事に関する詳しい情報が入って来ると、実は単なる誤った「思い込み」だったという話だ。だから、その意味でも情報はあった方が良い。

しかし一方、大量の情報に接しているばかりで、それが過多の状態が続くと、黙想の出現が不足して、それによる洞察力・想像力も付かないし、また大事な体験・情報の脳への定着率も下がるだろう。また前述した様に、黙想状態では脳内の記憶情報の「整理」も行われているかも知れないのだ。結局、これらが十分に行われない事になると、脳にとって問題が出て来るのではないかという事だ。だから、「黙想」と「能動的活動や情報」この両者のバランスが必要、という事になって来る。

それでは、その黙想の時間だが、それは生活の中でそういう状態が自然に出て来る時に、それを維持出来ればそれで良いだろうと思う。普通の生活、つまり朝起きて夜寝る生活をしている人なら、朝起床前とか、夕方、夕食後、就寝前などがもっとも「黙想状態」になり易いだろう。また、仕事中や勉強中でも、ちょっとした小休止という時に、そういう「頭の整理」ができる環境であれば、そういう時間も大事にすべきだと思う。その時間がある事で仕事・学業がよりはかどる事は十分あり得る話だろう。

また、外を歩いている時でもそういう状態になりがちな場所もあると前に書いた（筆者の知る、とある川の堤防上の道）。しかし、現代の特に都市部では屋外でこういう状態になれる場所というのはほとんど無くて、町中では、人通りがそこそこあったり、車が通行したり、他にも何らかの騒音や視覚刺激があってそれに注意が向くのが普通だろう。しかし、多くの人間が活動している現代の都市では多少の騒音など気が散る要素があるのは当たり前で、だからそういう場所では黙想状態にはなれないか、もしなったとしても外部刺激によって途切れ途切れになるのが普通だろう。その事は甘受しなければならない。

私は、普段は自転車で移動する事が多いが、排ガスを避けたいので幹線道は走らず裏道ばかりなのだが、実はこういう時も、恐らく途切れ途切れではあるが、黙想的に何か考えを頭に浮かべながら走っている事がある様に思う（私が暮らすのは都会の真ん中ではなく都市郊外だ）。つまり、この様な時でも多少は頭がフリーになって少しはものを考えているのだから（外部刺激への反応ではなく、「黙想」的な「内的思考」だ）、こういう時間は大事にしたい所ではないか。せっかく黙想的な気分になれる機会なのだから、そういう時には、スマホを見ながらよりも、情報をシャットアウトして頭をフリーにしておく事も考えた方が良いのではないだろうか。

また、家庭にいる女性などは、日常的にこなさなければならない、いわゆるルーティーンワーク（日常的に繰り返す決まった内容の仕事）の最中にも、いつも同じ作業なのでその仕事そのものにあまり注意を向けずに済んで頭が多少フリーになっているかも知れない。つまり多少はやはり黙想的になっているかも知れない。こういう時間も大切にしたい所だろう。

但し、この時、近くでテレビがついていてそれを聞きながらというのは、先に書いたスマホを見ながら移動するというのに似て、お勧め出来るものでは無い。せっかく黙想的時間になりそうになっていても、テレビからの声や音や画面に気を取られ、黙想的にはならないはずだからだ。ただ、テレビがついている状況の場合、普通なら黙想的になれないと考えられるのだが、しかし日常的に「長時間」テレビをつけている人の頭は、テレビの音声に対して（またテレビの映像に対しても）精神医学的に言う所の「耐性」が出来てしまっている可能性がある。これはテレビの音声や映像刺激に対して、感受性が低下しているという事だ。この「耐性」が出来ているというのは脳の一種の異常な状態であって、脳神経細胞自体が変化してしまっている状態と精神医学・脳科学では考えられているが、ともかく、普通の頭なら、その音声に反応するところが、脳の神経細胞が鈍感になってしまっていて反応が鈍いという事だ。この「耐性」が形成された頭なら、意外と（普通の脳程には）テレビ音声が気にならなくなるかも知れない。しかし、全く気にならない事にはならないだろうし、やはりそこそこは気が散っているだろう。そして、こういう「耐性」形成状態はもちろん良い状態では無く、段々と強い刺激を求める様になるのが普通である。テレビの場合だと、音声を必要以上に大きくしていったり、より騒々しい音を求める様になったり、番組内容もより刺激的なものを求める様になったり、瞬間的な場面展開の多用といった刺激的な映像処理を求めていったりしてゆく事にもなる。

話をさらに進めれば、日本のテレビの現状は正にこの様な状況になっているのでないだろうか。現在、電器店で売られている馬鹿でかい40型～などという大画面テレビもこういう「より刺激的なもの」を求める流れの中にあるのだろう。そうして知らず知らずのうちに心身への負担が大きくなっていって、頭が「普通」の状態からますます離れてゆく事にならないだろうか？

この様な、音や視覚刺激に対する鈍感な、「耐性」形成の状態だと、色々と日常生活にも不都合が生じていると考えられるが、例えば道で車が後や前から来ても避けない人が近年目立つ様に思うが、これはその例かも知れないと筆者は感じている。さらに言えば、例えば女性の大事な仕事である「子育て」にも悪影響を及ぼしている可能性はないだろうか？　頭が人の声に鈍感になっていれば、赤ちゃんや幼児の声を聴いてコミュニケーションを取る事にも悪影響が出る可能性がないかと思うし、過剰な視覚刺激も、子供を見て感じる心理にも悪影響している可能性はないだろうか？

なお、最後に黙想の話を一つ付け加えておく。今まで黙想の習慣がほぼ無しで十数年～数十年生きて来た人は、これからその習慣を始めるとするなら、最初は黙想時間がかなり長くなるかも知れない。それはそうかも知れない、それまで単に自分の頭の中に知識・情報をそのまま入れただけで整理出来ていないものが、いっぱいあるのだ。そういう頭の中のものに対して、その後、自分なりの考察・整理が多分黙想の中で加えられてゆく事になるのだろうが、そういう表面的な

知識・情報は既にいっぱい頭に詰まっている訳だから、それを消化してゆくのに時間がかかるのは当然だろう。だから、最初は時間が長くなっても良い。その内、自然な時間の長さになってゆくのではないか。

さらに黙想のための状況や環境づくり

先にも書いて来たが、黙想は意識的にやるものでは無い。自然に出て来るものだ。むしろ意識的にそれを行なうと、瞑想の説明の所で注意した様に、精神不調が生じる可能性もゼロでは無いかも知れない。意識的にやらない訳だから、自然にそういう状態になるのを期待しておくしかないとも言えるが、しかし、黙想状態が起こりやすい様に、自分の体調や周囲の環境を整える事は出来るだろう。

まず、体調的な事で言えば、昼間、頭と体を良く使って適度に疲れている事。そうすることで、その内ちょっと休もうか、となって、その時に黙想状態になり易いだろう。

もう一つ体調的な事で言えば、特に夕方以降はカフェインの類はなるべく取らない事かも知れない。夕刻以降にカフェインの含まれているもの（緑茶、紅茶、チョコレート、コーヒー、ココア、コーラ類、いわゆる「エナジードリンク」、カフェイン入りの栄養ドリンクなど）を摂取し過ぎると、頭が興奮してしまい、夕食後も活動的になって、寝入る直前までバタバタする事になりかねないのだ。夜寝る時間もどうしても遅くなってしまったりして、やはりお薦めできない（私は夕食時は大体「湯冷ましの水」だ。また、「麦茶」でもカフェインは含まれていないし、最近はカフェインレスをうたった緑茶や紅茶もネットなどで売られている）。夕方以降にカフェイン摂取をなるべく控えようというのは医者でもそう言っている人があるし、知識として広まったら良いと思う。

次に環境的な事を書けば、黙想的な状態は、周囲の音刺激や視覚刺激が大きいと出現しにくいので、特に自宅内ではそういう音・視覚刺激を避ける事。但し、都市部の屋外では全く難しいし、逆に昼間はそれらの「適度」な刺激を受ける事も脳の健康に良い事かとも思うが、自宅内は外部からの騒音も、室内から発生する騒音も少ない方が黙想状態になるためには良いだろう。

とは言っても、間違っても、家庭内では家族間の会話は大事にする事。特に子供にとっては家族とのコミュニケーション・会話こそ人間成長の大事な要素なはずだ。

しかし、自宅の屋外から騒音が頻繁に入って来る場合ではどうすれば良いだろうか？　人口の希薄だった原始社会と違って、現代の密集社会では、外部からの騒音（交通騒音など）が大きい場所も少なくない。そこで、そういう騒音への対策として、まず、手っ取り早いのは、窓などの防音工事を業者に頼むという手で、筆者も大分以前になるが実家の防音工事をやった事がある。しかし、どうもそれで快適になったとは言い難かった。なぜなら、不自然な静けさになるからだ。「不自然な静けさ」というのは、逆に「自然な静けさ」というのを考えれば分かるが、何も音が無い訳では無く、バックグラウンド的にある程度の音レベルがある状態なのだ（耳では意識しなくとも）。ところが防音工事をした後の「静けさ」というのは、このバックグラウンド音が異常に低くなってしまい、「静かすぎて」あまり快適と言えない音環境になる。つまり室内がシーンとし過ぎるという事なのだが、そのシーンとした中に、時々何かの物音があると、それがまた非常に気になったりする。バックグラウンド音レベルがそこそこある時には、ちょっとした物音はバックグラウンド音の中に埋もれて気にならならないのだが、バックグラウンド音が無くなると、物音が埋もれる対象が無くなって目立つようになり、その物音が気になり出すのだ。

それでも騒音環境に住んでいる人には、防音工事は、やらないよりはやった方が良い結果になるだろう。もし、やるならなるべく防音の知識を持った業者を探す事だろうか。また、シーンとし過ぎてバックグラウンド音レベルが低くなり過ぎて困るならば、サーキュレーター（最近は電器店でも扱っているプロペラファンで、本来は冷暖房の効果を高める目的で使われる）を回してバックグラウンド音レベルを上げておくというのも、一種の対症療法になるかも知れない。

付け加えて言っておけば、住宅というのは、どこに住んでも少なくとも屋内では外部からの人工騒音の少ない「静かな環境」が欲しいところで、それは本来、行政が騒音環境での住宅建設を規制するなどして、国民に住環境としてふさわしい場所を提供しなければならないのだと思うが、残念ながら現在の日本の行政はそこまで十分にはやってくれていない。だから、国民自ら住環境についての知識・認識を持った上で、新しく家を購入する際にその知識を生かさねばならないというのが現状になっている。また、住宅の売り手の不動産業者もそういう事は教えてくれないかも知れない。彼らにすればどんな場所でも売ってしまわなければならないのだから。

以上だが、但し「静けさ」ばかり強調し過ぎたかも知れない、――筆者は耳障りでない「自然の音」は大好きで、渓流の音、蝉時雨《せみしぐれ》、虫の音、鳥のさえずり、風の音、皆大好きである。また、どこの家の子供でも、外で楽しく遊んでいる声を聴くのは好きだ。そして、ここで再び大書しておきたいが、家の中でも家族のコミュニケーション・会話は大事である。特に子供時代はこれで人間が成長してゆく部分が大きいはずだ。だから間違っても、「静かな環境」が欲しいというので家族の会話を控えるという様な事はしない事だ。そんな事当たり前だと思うかも知れないが、世の中どんな人がいるか分からないので、念のため付け加えておく。

注

［1］朝日新聞（大阪）１９９４年7月18日朝刊 p24

［2］『高次脳機能研究』36巻1号 p1-p8「前頭連合野のしくみとはたらき」渡邊正孝／一般社団法人日本高次脳機能障害学会 発行（２０１６年）

［3］『２０１５年国民生活時間調査報告書』ＮＨＫ放送文化研究所

［4］・『ぼんやり脳！』p33-p36 西多昌規 著 飛鳥新社（２０１６年）。著者は、当時スタンフォード大学客員講師、現・早稲田大学准教授で、精神神経科学、認知科学分野の研究者。

・『日経サイエンス』「浮かび上がる脳の活動」２０１０年6月号

［5］・注4前者文献 p104-p106

・岩波科学ライブラリー『学ぶ脳』p96-p97 虫明 元 著（２０１８年）。

著者は東北大学・脳神経科学分野の教授

［6］注4前者文献 p113-p116

［7］・注4前者文献 p48-p52

・注4後者文献

・DHC会報誌『DHCオリーブ倶楽部』内記事「一番いいリラクゼーションは、何もしないこと」香山リカ（精神科医）（2000年6月号）

［8］朝日新聞　2006年8月21日 朝刊1総合面

「心の病、30代社員に急増　うつ病や神経症、企業6割で「最多層」上場218社回答」

［9］・注4後者文献

・『生理心理学と精神生理学』 2013年31巻1号 p1-p3「デフォルトモードネットワーク（DMN）から脳をみる」苧阪 満里子 著

・注4前者文献

・ウェブ：「NHKスペシャル「人体」〝脳〟すごいぞ!ひらめきと記憶の正体―NHK健康チャンネル」

・ウェブ：DIAMOND online「天才たちに共通する「脳の使い方」があった!」（2018年3月20日）

［10］注2 p4

［11］注4前者文献 p107-p112

［12］『ぜんぶわかる 脳の事典』p138-p139 坂井 建雄・久光 正 監修　成美堂出版（2016年）
［13］英国・ニューサイエンティスト誌（1997年頃）
［14］ブルーバックス『記憶と情動の脳科学』p160 ジェームズ・L・マッガウ 著　講談社（2006年）
［15］『覚える技術』p65　アルベルト オリヴェリオ 著　翔泳社（2002年）
［16］ウィキペディア「瞑想」より。潜在的危険性の記述有。禅病についても触れられている。
（2022年6月日29日時点）

◆第二章◆

「黙想」の機会を奪ってきた？
「何もしない時間の無い生活」と
「電子メディア依存」という「病気」

「何もしない時間の無い生活」とデフォルト脳活動（黙想）の時間の欠如

前章では「黙想」の大切さを説いたつもりだ。そして特に自宅内では、時にこの状態が出現すべきだとも書いた。ところが、現代人にとってその大きな妨げとなるものは、何だろうか？　その妨げとなっているものは……もうお気付きではないだろうか？　それは、テレビの登場に始まった「電子メディア」という刺激的なツールを「使い過ぎている」事にもあるのではないだろうか？（あとは騒音地域では自宅外からの騒音か）。電子メディアの視覚や音の刺激が、人間本来の、家の中での平静さや、時に出現していたはずの黙想状態の時間を減らして来た部分が少なからずあるのではないか？　最近の若い世代では、スマホやパソコンのインターネットや、電子ゲームに夢中になっている人も多いが、インターネットの文字メディアの場合は音が出ない分は刺激がまだマシだが、それでも長時間夢中になればやはり「何もしていない時間」（黙想が出現しやすい）が無くなるのは同じだろう。双方向のＳＮＳも刺激が強そうだ。ネット動画ではテレビと余り変わりがないし、電子ゲームはテレビ以上に刺激的かもしれない。

現代の電子メディアの映像は視聴者を引き付けるために刺激を強め、息もつかせない内容のものもある。人間は本来、主に昼間に活動して、夜間は主に非活動的になって神経が弛緩する（ゆるむ）という生活をしてきた動物なのだが、電子メディアによって、夜間は音と映像の洪水の世界と化した。神経が弛緩せずに一種の興奮状態に置かれる事もあるだろう。

ただ過去の生活でもそういう状態が無くもなく、それは「祭り」がそうだったし、「宴会」もそうだったが、これらは日常と呼べるものではなかったはずだ（本当に「日常」ではなかった事はこの後で考証したい）。しかし現代人は、電子メディアによってそういった「興奮」的な状況を毎日の様に体験している人もいるのではないか？

また、昨今の社会人の場合は、仕事が忙しすぎて、家ではそういうボーっとしている時間も無い（ただ寝るだけ）という人も中にはいるかも知れない。それはまた別に考えたくなる問題だが、こういう場合、黙想状態になる様な時間は当然あまり期待できない。電子メディアの事を書く前に少しだけこの問題にも触れておきたい。最近は、大人だけでなく子供でも、塾だの習い事だのと、そこそこ「忙しい」様だ。データによると、習い事に通う小学生の比率は２０１９年で、その30年前と比べて約2倍にもなっているという。最近流行語として注目された「空白恐怖症」（予定表に空白が多い事に不安や劣等感を覚える事を病気になぞらえて命名した言葉。「大辞泉が選ぶ新語大賞２０１８」に選ばれた）は、こういった世間の雰囲気をよく突いている語ではないだろうか。

しかし、最近の世の中がこの様な雰囲気になって来ているのは何故だろう？　原因はいくつか考えられそうだが、例えば、現代は自由競争社会で、これが行き過ぎていて、社会の進歩・変化や複雑化のスピードが速すぎ、それについてゆくのに多くの時間を割かねばならないから。或は、社会の上層部が、競争力強化のために低賃金労働者の層を作り出していて、そういった労働者が十分な収入を得るために長時間労働を余儀なくされている、など。しかし筆者は、他にも原因がある可能性も考えている。実はこれにもテレビの登場に始まった「電子メディア」の生活への浸透も関係しているのではないかと考えているのだ。電子メディアは先に書いた様に（主に夜間の）家庭の状況を変えてしまった。「何もしない時間」がなくなり、常に電子メディアからの情報を見たり聞いたりして、夜を終えるのが当たり前になっている。つまり、こうした生活の変化によって、生活の中での「何もしない時間」が一種のムダであるという様な考え方が世の中で支配的になってきた部分があるのではないか？という事なのだ。

電子メディアの依存症？

ともかく、以上の様に、テレビに始まった電子メディアの登場から、主に夜間の「何もしていない時間」が無くなってきたと考えられるのではないかと思う。

しかし、「電子メディア」は人を引き付けて止まないものだろう。では、私達が電子メディアにこれほど強く引き付けられるのは何故なのだろうか？　現代では必要な情報量が増大しているからという面もあるだろうか？　しかし、それだけではないのではないか？　ただ単に電子メディアに接しているのが面白いからという理由もあるはずだ。

そういう中、国連下にあるＷＨＯ（世界保健機関）は最近、電子ゲーム（ネットゲームなど）については、「ゲーム依存症」（ゲーム障害）というものの存在を認めた。夢中になってやめられず、特に「生活に大きな支障が出ている人」に対してだが、それは一種の病気（精神疾患の一種）

だと認定したのだ。アルコール依存症やニコチン依存症（タバコ依存症）などと同列に扱われる事になったと言ってよい。また、スマホやパソコンネットについても「スマホ依存」「ネット依存」という言葉はマスコミでよく話題になる。

テレビについてはこれらのものほどには「依存」は話題になって来なかった。「テレビ依存」は日本では医学的な「治療」の対象にもなっていない。しかし「テレビ依存」というのは存在しないのだろうか？　テレビは、前者のメディアに比べて以前からあって、当たり前の存在なので今さら話題にならないだけなのか？　また「テレビ依存」は、今まで国民の多くがその傾向で来たので、「正常な人」と「依存の人」の違いが目に付かず、それで話題になり難いという事なのか？　テレビを見ないというという人は今までごく少数でしかなかったし、日本人は世界で最もテレビ視聴時間が長いという調査もある。最近はネット動画が普及して来て、それを見るというスタイルの人も相当増えて来ている様だが、それは実質的にテレビ視聴と余り変わりないだろう。また、ネット接続できるテレビというのも普及して来ている。

「テレビ依存症」「テレビ中毒」という言葉はネットで調べれば、医学的文脈で使われたものでは無いが、出て来る。では「医学的」にはどうなのだろうか（次項に続く）。

※「中毒」は、厳密に言えば、例えばサルモネラ菌で下痢、嘔吐などの「中毒症状」を起こしたなど、

そういう時に使う語で、「それに依存して止められない」の意味合いの場合は、医学的には「依存症」の語が使われる。

依存症の特徴――「離脱症状（禁断症状）」と「耐性」の形成

かつて、テレビの無い生活というのが、多くの人にとって中々困難である事が明白になる時があった。以前、昭和天皇の崩御の際もそうだった。テレビが娯楽番組を放送しなくなったので、貸しビデオ屋に走って面白いビデオを借りて来た人が少なくなかった事がマスコミで話題になった。この話は、正にテレビへの「依存」を感じさせる出来事だった。

これと同じような事はロシアでもあった。首都・モスクワにある高さ５４０ｍのテレビ塔が火災を起こして、テレビ放送が不能になった事故の際だ。オスタンキノと名付けられたこのテレビ塔の火災でテレビが見れなくなったモスクワ市民はどうしたか？　まず、ビデオ販売店に客が集まり行列のできる店もあったという。また、新聞が飛ぶように売れ、映画館や劇場も満員札止めになった。読書に走る人も出て来た。この辺りは、テレビというメディアの喪失を代替物で埋めようとする行動だろうが、さらに注目すべきは、テレビを見れなくなって寝付けない人が続出し、睡眠剤や精神安定剤を求める人で薬局が繁盛したという話だ。[1]テレビが無くなって「眠れない」というのは、「アルコール依存症」や「ニコチン依存症」（タバコ依存）の人間が「禁酒」「禁煙」

をした時に出て来る禁断症状の一つである「不眠」と同じではないか？　今、禁断症状と書いたが、これは専門的には「離脱症状」と呼ばれているもので、依存性のあるものをやめた時に出る症状だ。

一般に依存症の離脱症状として、他に、「イライラする」、人からそれを止めさせられた時に「なぜ、やめなければいけない！」などと怒り出すという症状もあるが、実はテレビでもこれがある様だ。２００５年に広島市の呼びかけで、二週間テレビを（ビデオも）見ない生活を送るという「ノーテレビ」の実験が、呼びかけに応じた55世帯で行われた。[2]　すると、実験開始後に「テレビを見ないのは絶対イヤだ！」と言って怒る、「イライラする」という「荒れる」症状が出た家庭が多かったという（こういう禁断症状は実験開始後それほど経たない時期に出る事が多かった）。

また現在、インターネットで「テレビ依存症」「テレビ中毒」のキーワードで検索すると、テレビの音や映像が無いと「不安になる」のでずっと付けている、などという声も見つかる。この「不安」も、依存症の「離脱症状」として知られた症状と同じではある。

以上の様に、テレビが無くなった際に、病気の一種としての「依存症」の離脱症状と同じものが出現しているのだ。

※なお、以上や以下の「依存」の記述は「テレビ」の語をスマホ、ネット、電子ゲームに置き換えても大体通じるはずだ。

次に、一般に依存症の特徴として、「耐性」が出来るというものがある。これは、前章でも述べた通り、その依存性のあるモノの「摂取」に対して、段々とその「効果」が薄れてゆく現象だ。

脳神経細胞が変化してしまい、そのモノの作用に対しての反応が鈍くなってゆくのがメカニズムと言われている。その結果、再び「効果」を求めて、より、そのモノの摂取量が増大してゆく事が多い。これが典型的なのは、アルコール依存症だ（酒の量が段々と増えてゆく）。違法な薬物類でも「耐性」の生じるものがある。

依存症の典型的特徴の一つとして、この「耐性」があるのだが、実はテレビ視聴はこの特徴も備えていそうだ。現代のテレビはますます強い刺激を求める様になっている様だからだ。実は筆者は考える所あってテレビを見る事を十年以上やめていたのだが、つまり、その時もし「テレビ依存」があったとしても、今はもうそれは無くなって「普通の頭」になっているのだろうか、その私が、今のテレビの音声を耳にすると、「騒々しいな〜！」と感じる時がある。電子ゲームの過剰刺激の画面にも驚く。こういった意見は何も筆者だけのものでも無く、自分の主義でテレビ無しの子育てをしたある女性の話によると（これは、次章で紹介する小児科医会の提言より前の事）、テレビ無しで育って来た幼い子供達に一度、宮崎駿のアニメ『天空の城ラピュタ』を見せた所、子供達は効果音に馴染めなかったのか、怖がるばかりだったという。テレビの音声に「慣れていない」子供達にはそういう音刺激は強すぎたのだろう。

付け加えて書いておくと、筆者はそういった十年以上の「テレビやめ」の結果、もし以前にテレビ依存があったとしても、無くなっていると思うし、それによって出て来た「黙想」習慣で頭がある程度整理しきれたためか、最近は、特に夜にボーっとしていると退屈な時もあって、そういう時はネット動画を見たりする。

ここで、話はやや横道にそれるが、前出の女性の話にはまだ続きがあって、この本の第一章で書いた「黙想」の話とオーバーラップする部分があるので、一緒に紹介しておく。子供達に今度は『アンパンマン』を見せたら大変気に入ったらしく、そのあと毎日の様に子供達はそこに出て来たキャラクターを絵にして、色を塗り、切り抜き、結局アンパンマン劇を再現した、しかもその劇の内容は子供達の独自に創作したものだったという。そしてそれに対するこのお母さんの感想がこうだ。「子どもたちの行動を目の当たりにして、私はこう感じた。子どもは、自分の感動を自分であたため再燃させる力を潜在的に持っているのではないか。また、テレビ画面のように、流れ作業で視覚情報が移り変われば、自分の中で消化する時間もなく、感動・感激が薄らいでいくのではないかと。[3]」

テレビを受け身で見るだけで終わらず、その後それを温める時間、消化する時間があって、という所が筆者が第一章で述べた事「黙想」の話とオーバーラップしている様だが、どうだろうか。

テレビや電子ゲームの刺激過多の状況に話を戻すが、そういった刺激に「耐性」が出来てしまっている人は、それが「刺激過多」だといってもピンと来ないかも知れない。しかしテレビが、時代を経るにつれ段々と、より強い刺激を求める様になって来たのは間違いない。最近では大画面テレビも登場してきた。テレビを見なくなって大分経つ筆者が家電店でそういう大画面テレビの映像を見ると、何か異様な感覚すら覚えてずっと見ていると頭がヘンになるのではないかとさえ思う時がある。しかし、そういった大画面の強い刺激を視聴者も求め、受け入れているからこそ、そういうテレビ市場が成り立っているのではないか？　これは、より強い刺激を求めてゆく様になるという、「依存症」の「耐性」の形成に、よく当てはまるものではないだろうか？

以上、テレビの依存性について考えて来たが、いくつもの特徴が「依存症」の症状と共通している様なのだ。但し、本来の「依存症」では、それによって「生活に大きな支障が出ている」事が大事な要素だ。これについてはテレビではそういう話はあまり聞かない。だからテレビでは本来の病気としての依存症が存在するとは言い難いのかも知れない。但し、いくつもの特徴が「依存症」のものと共通である点を考慮すると、やはりテレビにも「依存傾向」は認められる、といった所ではないだろうか？

なぜ、電子メディア（テレビ、スマホ、ネット、電子ゲーム）に「依存」してしまうのか？

前項までに「電子メディア」の「依存性」について述べてきたが、そこで述べた様に、電子ゲームやスマホといった電子メディアの場合は、もはや「依存症」が明らかに問題になっている。では、それほどまでに人を電子メディアに「依存」させてしまう根本原因は、いったい何だろうか？まず、人がそういった電子メディアのスイッチを入れたくなるのは、人がそこに何かの「イベント」（出来事）を求めての事、という所か。ある種の情報や、人が関わる何か面白い或は刺激的な出来事、これを望む気持ちがあって電子メディアのスイッチを入れるという所ではないだろうか。これは単に悪い事とは言えず、情報も時に必要だし、特に必要性の高い情報でなくとも脳の活性化になっているならそれはそれで有益かも知れない。しかし、それがついつい長時間になり過ぎたり、テレビやネットからの一方通行的情報の垂れ流しが続くと、何らかの問題が出てくるという所ではないだろうか。

そうやってテレビやネットという電子メディアについつい長時間「依存」してしまうのは、「面白いから」というのは一番わかりやすい理由説明だろう。内容が面白いからと思って、そう言っているのだろうが、しかし実は、内容以前に電子メディアに人が惹きつけられる理由があるのかも知れない。

それはごく単純というか動物的な理由の既存説なのだが、単に電子メディアの、様々に移り変わる色、光、音、画面の動きに「動物的に」引き付けられている部分があるという説なのだ。[4]例えば、室内で何かが動けば、特に、普通でない動き方をすれば、つまりテレビ画面の様に急な動きがあったりすれば、そちらに注目するだろう。室内でチラチラと強い光が色を様々に変えながら光っていれば当然そちらを見てしまうだろう。また何か、今までに無かった声や音がしても、人はそちらに注意を向けるのが普通だ。テレビはそういった音も発している。ゴリラだったかオランウータンだったかに、動物園でテレビを見せると熱心に見続けるという話を聞

いた事がある。ゴリラは、話の内容が余り分からないはずなのに見続けるというのは、やはりそういう「動物的部分」で引き付けられている要素があると考えるべきだろう。そして人間がテレビやネット、電子ゲームの画面に引き付けられるのも、そういう部分が意外とあるのかも知れない。心理学ではこういう「動きや色の変化」や「音」に対する動物的反応の事を「定位反応」と呼んでいる。

特に子供の場合は意外とこの理由が大きそうだ。しかし大人でもこの部分が無いとは言えないだろう。

さて、以上以外に、電子メディアに私達が引き付けられる理由が、まだある様に筆者は考えている。以下、最初は話が電子メディアからそれていると思うかも知れないが、しかし最後に電子メディアの話に戻って来る。

この本の冒頭で人類の歴史500万年と書いた。実は現代人においても、人間はその大昔の狩猟採集民だった時代の性質を強く受け継いでいると言われている。つまり私たち現代人の体は、現代の文明生活に完全適応したものではなく、むしろ狩猟採集生活に適応したままだというのだ。その典型例が興奮・緊張した時に体内に放出されるアドレナリンやノルアドレナリンである。これらの物質が体内に放出されると血中の糖やコレステロール濃度が上昇するが、この糖やコレステロールは本来、狩猟採集民だった私達が、獲物を追ってひたすら歩き、走り、ここぞというチャンスを見つけた時に瞬発力を発揮して獲物を仕留めるといった行動の際に消費されるものだった。また、原始人が部族間の対立で戦闘を始める際にもアドレナリン、ノルアドレナリンの濃度は上がったはずで、この時も濃度上昇した糖やコレステロールが戦いに必要なエネルギーとして消費されたはずだ。ところが現代においてもアドレナリン、ノルアドレナリンが放出される場面がある。それは例えばビジネスマンが重要な会議や会談に向かう時にもこれらの物質が放出されていると考えられる。これらの濃度が上がれば当然、糖やコレステロール濃度も上がっている。ところが現代人の会議や会談においては「体を使うもの」ではなく、濃度の上がった糖やコレステロールを十分に使う事もなく会議・会談が終わってしまう。現代人におけるストレス原因の病気はこの様な事も関係しているという考え方があるのだ。

話が少し長くなったが、要するに現代人の体は未だに狩猟採集生活に適応したものになっている部分が大きいらしいという事だ。そこで人類の歴史500万年の事を再び思い浮かべる。人類は夜、たき火で、暖を取り、また害獣・害虫を避け、その火を見つめながら夕食後の時間を過ごしていただろう。そして、その性向は今でも残っているのではないか……？　つまり電子メディアは、見つめていた「たき火」の火の代わりになっているのではないかという事なのだ。これを裏付ける様な話がある。音楽バンド・ビートルズのメンバーだったジョン・レノンが言ったという言葉だ。ジョン・レノンは強度の近視で、眼鏡を外すと周りの世界がすべてぼんやりしか見えないのだが、その彼が眼鏡をはずしてテレビを見ていると「まるで暖炉の火を見ている様で、うっとりとした気分になって来る」と言ったらしいのだ（付け加えれば、確か彼は音を消して見ているのだったと思う）。現代人が特に夜、電子メディアの画面を見たくなるのは、意外とこの理由もあるのではないか。原始人がたき火を見つめた如く、或は一昔前までの西洋人が暖炉を見つめて過ごしていた様に、或は日本人が囲炉裏《いろり》の火を見つめていた様に……。こういう物の代替物として私達は電子メディアの画面を欲している部分が意外とあるのではないだろうか？　電子メディアの画面は、確かに火の様にチラチラとするのだ。

これに関連して、こういう話もある。ノルウェーの公共放送の番組でスローテレビというものがあり、この番組では、自然の風景や列車の車窓からの景色を何時間も延々と流し続けるという一風変わった内容なのだが、当地では人気だという。その番組が薪《まき》が燃えている暖炉の映像を12時間にわたって放送したところ、視聴率が20％を超えるという大変な好評を博したという。そして、この話が世界各地に伝わり、ネットフリックスにも「まきが燃えている暖炉」の番組が出現し、ニコニコ生放送でもクリスマスに合わせて「まきが燃えている映像」を27時間にわたって放送して好評だったという。[5] ユーチューブでは同様の動画が現在もある。これらの話は、現代人も昔の人と同様に今も「火」を求める気持ちが残っている事の現れではないだろうか？

電子メディアの内容も「依存」を助長か

さて、テレビやネットといった電子メディアの「内容」についてはこれまで書いて来なかった。それを以下書いてゆくが、電子メディアの制作側は、もちろん内容的にも人の興味を引く様に仕向けている。これもやはり、人が電子メディアに依存してしまう大きな理由であるはずだ。

テレビやネット動画では、内容的に視聴者を引き付ける大きな要素は番組内容の「娯楽性」だろうか。こういうもので人間の脳内には快楽物質が放出されるらしく、確かに「娯楽」や「笑い」は心身の健康にも良いとも言われる。しかし、「笑い」も度が過ぎると……という話は第一章の最初で書いた。しかし、それにしても、人間は本来、夜はもう少しリラックスして過ごす時間だったのではないか？　家族との会話は多少あったとしても、また時には「宴会」的なものがあったとしても、基本的にはリラックスして昼間の疲れを癒す時間だったはずだ。ところがテレビやネット動画では、そのリラックスから遠い状況にさせられるものもあるのではないだろうか？　これは電子ゲームでもそうだろう。

娯楽や笑いというものは一種の「興奮」を生むものだろう。いわゆる「盛り上がる」というやつだ。それが「電子メディア」を介して、ゆっくり休息している家庭内にダイレクトに飛び込んで来る。またテレビのニュース番組や、またＳＦ映画の映像などでは、かなりの緊張感に包まれているものもある。テレビのスポーツ中継もその傾向大だろう。そういう緊張感が、それこそ深夜だろうが何だろうがお構いなしに家庭内に入って来る。そういうものが先に述べた「定位反応」（刺激的な音・光）と共に家庭のリビングに入って来るのだ。

どうも人間は本性として、「リラックス」よりも、そういう時に「興奮」が入り込んでくると、そちらの方へ引かれるように出来ている様だ。筆者の例を出すが、夜は、自宅で過ごしている筆者でも、たまに（最近は本当にまれだが）宴会的な場に出向くことがある。すると確かに頭や体がそれに切り替わってしまい、休みたいという気持ちが無くなってしまうのだ。むしろ夜10時頃になっても、もう少しいいじゃないか、などという気分になって来る。毎夜テレビや他の電子メディアで興奮状態になっていても、恐らく似た心理が働いているのではないか。だから、夜遅くまで中々テレビやスマホ、パソコン、電子ゲームを消そうという気持ちにならないのではないだろうか。

　原始人や古代人でも、テレビやネットではないが娯楽・笑いで「盛り上がる」宴会的なものを楽しむ事もあったと考えられている。[6] しかし、それは毎夜の事では無かっただろう。原始人や古代人の生活は現代よりも厳しいものだった。だから、疲れた時には、ゆっくり休息し、原始人なら、たまに大きな獲物が手に入った時などにだけ、そういう「宴会」を楽しむ程度だったのではないか。現在も狩猟生活をしているアフリカのブッシュマンの観察結果ではそうらしい。また、「宴会」は疲れるものなので、もし原始人が毎夜それをやっていたなら、獲物の獲得にも悪影響が出て、そのうち飢えて来るかも知れない。これを考えても、やはり「宴会」は、たまにだけの楽しみだっただろう（ちょっとした笑いや楽しみは日常的なものとしても）。余談だが、日本の「夏祭り」「秋祭り」というのも、こういう原始人の「宴会」的行為の延長上にあるものではないだろうか？

　また、こういう事も考えられる。例えば、原始人が夜、休んでいる時に、突然、猛獣が襲って来たり、或は、敵対する部族急襲の知らせが飛び込んで来たとする。すると、そういう時には人間の体は休息から一転、緊張状態に切り替わるはずだ。現代人でも、休息時に、そういう緊張させる情報が入って来たなら、やはり頭がそちらに切り替わってしまうはずだ。しかし、原始時代においては、そういう夜間に興奮・緊張させる非常事態はそう頻繁には無かったかも知れない。

ところが、テレビのニュースは毎日の様に世界中の緊張・興奮のネタを伝えているし、他にも内容・画像で興奮・緊張させる番組・動画はいくらもある。こういう事でも、頭は興奮して中々「休息」状態に戻らないのかも知れない。

結局、娯楽にしろニュースにしろその他の番組・動画にしろ、テレビやネット動画を見たり、或は電子ゲームで夢中になって「興奮している状態」は、人間本来に備わっている「夜間の体や頭の休息の状態」からちょっと外れた所にあるのではないか。

つまり、人類の長い歴史にわたっての習慣が、現代のテレビをはじめとした電子メディアの出現によって少し変わってしまったのではないだろうか、という事なのだ。

そして、その変化に対して、現代人は弊害を被っている部分があるのではないか、と筆者は考えているのだが、それはこの後の章で考察を進めてゆく中で述べていこうと思う。

注

［1］『朝日新聞』2000年8月31日
［2］ウェブ：中国新聞デジタル「TVなし生活～広島市の「実験」から」
［3］『朝日新聞』2002年1月26日
［4］『日経サイエンス』「テレビが消せない――依存を生む心理」（2002年6月号）p36-p44
R・クービー、M・チクセントミハイ 著

［5］ウェブ：ねとらぼ『まきが燃え続けるだけの人気番組「暖炉」が日本のNetflixでも配信中　まきクラスタ「うおおおお！」（2015年9月31日公開）』
ウェブ：Gigazine『暖炉で燃える火をひたすら放送し大好評を得た番組をアメリカがパロディー化するとこうなる』（2022年7月16日閲覧）
［6］・ウェブ：ロイター「1万2000年前の宴席の跡、イスラエルの洞穴で発見」（2010年8月31日 更新）
・ウェブ：Nスペ PLUS「飲みたくなるのは〝進化の宿命〟!?酒の知られざる真実」（2020年2月2日放送分）

◆第三章◆

電子メディアの「過剰な視聴・使用」から来る影響

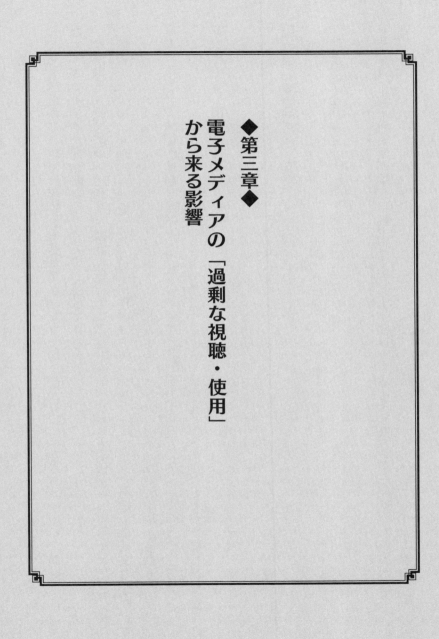

私達にとって、電子メディアは役立つものだし、情報源として貴重で私たちの暮らしを豊かにして来た。しかし、前章で指摘した様な電子メディアの「依存性」もあって、使用が「過剰」になって来ると様々な悪影響が出てくる事が想像できるのだ。

その電子メディアの「過剰な」視聴・使用による影響と考えられるものだが、特にこの章では、電子メディアの「非現実の映像」「不自然なコミュニケーション性」に接し過ぎる事による悪影響と考えられるものにページの多くを割くことになるだろう。一方で、前章で指摘した通り、家庭内に電子メディアが進出した結果、現代人に「黙想」時間が不足し出した事が想像できるのだが、その事に由来すると考えられる問題については、主には次章で考えてゆくつもりだ。但し、この章の中でも一部それに関係する話が出てくると思う。

第一節　精神面への影響

テレビは「深く考えない頭」を作ってきた？

まずは、最近の若者に関する話だ。テレビを十年以上やめていた筆者が、最近の若い人たちの会話を聞いていてまず感じるのは、モノを深く考えていない人が目立つのではないか？という事だ。一つの物事に対して、いわば「表面的」に反応して、すぐ次の話に移ってゆく傾向大のように感じる。

しかし、これはそれまでのテレビ視聴によって養われた頭ではないのだろうか？　テレビは、一方的に情報を流し続けるメディアだ。つまり視聴者が、「ちょっと待って、それはどういう事だろう？」と思っても、決して待ってはくれない。そこで無理に立ち止まって考えてしまうと、その後のテレビの中の話題についていけず、置いてけぼりを食う事になる。だから、人は、自然と立ち止まって深く考えず、テレビの話についてゆく様にするのが常だろう。

最近は、ネット動画でリプレイの機能が付いているので、この点、分からない所をもう一度見る事ができる様になったが、しかし、元々「考えない頭」になっている人間は、ネット動画を見てもわざわざリプレイ機能で分からない所をもう一度見ようとも思わないかも知れない。

また、テレビを見ていなくても、テレビ音声がずっと聞こえている状況では、同様に思考は中断させられがちだ。「考える」というよりも、瞬間的な「頭の反応」を求められている状況とでもいうべきか。

少年達は、テレビやネット動画を日常的に見る或はそれらのテレビ音声が聞こえている中で、こういう「思考の見切り、切り上げ」を繰り返す事で、自然と「深く考える事のない頭」が形成されてゆくのではないのだろうか？

付け加えておくと、そういう意味では、文字メディアは、頭の中で文章との対話が出来るし、立ち止まろうと思えば、いくらでも立ち止まる事が出来るという点があるだろう。ただ、文字では映像が欠如しているし、生身の人間が話をしている時のニュアンス・声のトーンや表情など様々な部分が欠けているので、別に文字メディアの方が映像メディアよりも優れていると言っている訳ではない。しかし、昨今の若い人達（の一部）の様子を見ていると、筆者は映像メディア（テレビなど）の弊害を少しは感じているのも事実だ。

また、文字メディアでは映像などが無い分、それを「想像」で補っている時があると思うのだが、それは黙想時の想像と相まって「想像力」を働かせる機会になっていそうだ。生身の人間の話を聞いている時と同様に、「想像力」を働かせている、という所だろう。

今までに言われている事――乳幼児へのテレビの害

さて、映像メディアの害として既に世間で一番よく知られたものは、乳幼児に対するテレビの害の話だろう（「乳幼児」は小学校就学までの子供の事。狭義には概ね満3歳以下の子供の事を言う場合もある）。これは2004年に日本小児科医会がこう提言した事で国内で広く知られる様になった。[1]

・2歳までのテレビ・ビデオ視聴は控えましょう（ここでの「2歳までの」とは小児科医会のウェブサイトで見る

と「0歳代、1歳代、2歳代の計3年間」の事と分かる)。

・授乳中、食事中のテレビ・ビデオの視聴はやめましょう。

日本小児医師会のこれ以外の提言内容は後で出すが、これと同様の提言は米国でも、米国小児科学会が1999年に行なっていた。具体的には「小児科医は、親たちが2歳以下の子どもにテレビを見せないよう働きかけるべきである」などとなっている。[2]

以上の日本小児科医会の提言ではその根拠となるテレビの害がいくつか挙げられている(以下)。

・言葉や心の発達を妨げる。

・コミュニケーション能力の低下を生じさせる。

・外遊びの機会を奪い、人とのかかわり体験の不足を招く。

・運動不足、睡眠不足を生じさせる。

また、幼児期からの暴力映像への長期間接触が、後年の暴力的行動や事件に関係する事がすでに明らかになっているともこの提言では指摘されている。

以上の日本小児科医会の提言と同年に日本小児科学会も同様の提言を行なっていて、その方は、こうなっていた。[2]

・2歳以下の子どもには、テレビ・ビデオを長時間見せないようにしましょう。内容や見方によらず、長時間視聴児は言語発達が遅れる危険性が高まります。

・乳幼児にテレビ・ビデオを一人で見せないようにしましょう。見せるときは親も一緒に歌ったり、子どもの問いかけに応えることが大切です。

など。

以上の日本小児科医会や日本小児科学会の提言は、言うまでも無いかも知れないが「ネット動画」にも当てはまるものだろう。前掲の日本小児科医会提言の根拠（箇条書き）部分を見ても、それはやはりネット動画にも当てはまるものに思えるのだ。

さて、以上の提言を日本の小児科に関わる両会が行った背景には、それまでの米国小児科学会の動きの他、国内で、これらの提言の前年に行われた大規模調査の結果の事や、実際の診療現場での危機感があった。

小児科医や発達専門家の診療現場では、以前から、テレビ視聴が子供の発達に悪影響を及ぼしているのではないかとの疑い・危惧が持たれていたのだ。乳幼児期の言葉の遅れや、表情が乏しい、親と視線が合わない、などの症状で受診して来るケースの中に、それまで長時間見ていた乳幼児のテレビ視聴を止めると症状が改善する子が多くいる事が報告されて来た。

また、もう一つの背景である「大規模調査」とは、提言の前年、日本小児科学会が行った調査だ。1歳半の子供を持つ親1900人に対してアンケートを行い、テレビ視聴と子供の発達について調べたものだ。その調査結果から以下に3点紹介する。[2]

・テレビの視聴時間が一日4時間以上の子供は、4時間未満の子供に比べて、有意語（意味のある言葉）が未だ出現していない子供が1.3倍多かった。

・テレビを8時間以上見ている子供では、有意語が出現していない子供が、視聴4時間未満の子供の2倍も多かった。

・子供のテレビ視聴時間が4時間未満で、しかも視聴時に親が一緒に見て子供に話しかけている場合に比べて、子供の視聴時間が4時間以上で、しかも親の話かけが無い場合には、その子供に有意語が未だ出現していない割合が前者の2.7倍にもなっていた。

再度述べるが、以上の結果は、調査対象の子供が1900人という非常に大規模な調査での結果であり、「科学的根拠」に基いた数字だろう。

また、これも同調査からの結果だが、子供が見ていなくとも近くでテレビがついている時間が8時間未満の家庭と8時間以上の家庭とで比べると、8時間以上ついている家庭の子供は8時間未満ついている家庭の子供に比べて、有意語の非出現率が約1.5倍高くなっていた。

さて、これらの調査結果のうち、テレビ視聴時間の長短とともにテレビ視聴に親が一緒に見て話しかけているか否かで有意語の出現率が2.7倍も違ったという結果だが、この結果について、この提言ではさらにこうも注意している。

「しかし、テレビ視聴時には、例え親子で一緒に見ていても、親の話しかけや親子が向き合って長く会話することが少ない。一般に大人はテレビがついていると頻繁にはしゃべらないし、相手の顔をみて話すことも少ないためであろう。従って、テレビが長時間ついていると会話が減少して言語発達の遅れを招き易い。」

テレビがついている事で母親の子供への話かけが減るというのは、以前の調査でこういうものもあった。親子5組の調査だったが、テレビがついている時と消えている時で、小さな子供（7

か月〜12か月）への母親の話かけの程度を調べたものだ。その結果、一分間に母親が子供に話しかけた言葉の数（単語数でカウント）は以下の様になっていた。

一分間の単語数

テレビが消えている時／テレビがついている時

・Aさん親子：6.0／0.9

・Bさん親子：8.9／4.8

・Cさん親子：3.9／0.2

など

この様に、テレビがついている時には母親の話かけが大きく減っている事が分かる。この調査を実施した大学研究者はこの結果について、「テレビがついている時間は、明らかにお母さんから赤ちゃんへの働きかけが減る。もし一日中テレビがついていれば、言葉の獲得に何等かのマイナスの影響が出ることが考えられる」と述べていた[3]。この様に、前出の日本小児科学会の調査結果を予言した様な指摘が以前から既になされていたのだ。

前出・日本小児科学会の調査結果に戻る。この内、特に4番目の調査結果では、例えテレビを見ていなくとも、テレビが1日8時間以上ついている環境では、子供の有意語出現率が下がるという結果になっていた。これについては、この時、親がテレビを見ているのかどうかは不明だが、例え余り見ていなくても、ずっとつけっ放しているという状況が一番考えやすいだろう。その様な状況は、テレビ音声に気を取られたり、あまり見ていなくても時々は見たりしているという状態だろう。こういう状態では、親子共々、やはりテレビの音声や時に映像に注意が行きがちだから、自然、親子のコミュニケーションが不足して来るという、テレビを「見過ぎている」のと似た結果になっているのだと思う。

ただ、この4番目の調査結果についてもう一つ考えられるのは、ただ単に、見ていなくても8時間以上もテレビをつけっ放しにする親では、テレビがついていない時や、またどんな時にも子供への接し方が十分でない、という相関も考えられそうだ。

さらに、こういう事もあるかも知れない。テレビやネット動画を見ている時は、その映像や音声が絶え間なく子供の目、耳に入って来ている。また見ていなくても、音声はずっと聞こえている。そういう状況では、子供の目や耳から入って来る情報を処理する子供の脳は、特に脳の未発達な子供の場合、テレビの「映像」「音声」を処理する為に意外と大きなエネルギーを費やしているのかも知れないという事だ。これは例えば、電車に乗っている時、大人は窓の外の光景を見ても余り何とも思わないが、子供はそうではなく、面白くてしょうがないものだ。余り見た事が無いものなので面白くて熱心に見るのだと思うが、熱心に見るという事は、それだけ脳神経での処理にもエネルギーを使っているはずだ。つまり、テレビの映像や音声の場合も同様に、余り経験の無いものなので、「熱心に見てしまい」多量のエネルギーを脳神経が消費している可能性があるのではないか？　そして、その事で脳が、大人が想像するよりも、疲れてしまっている可能性はないだろうか？　その結果、子供の精神発達に悪影響を及ぼしている面はないだろうか？と

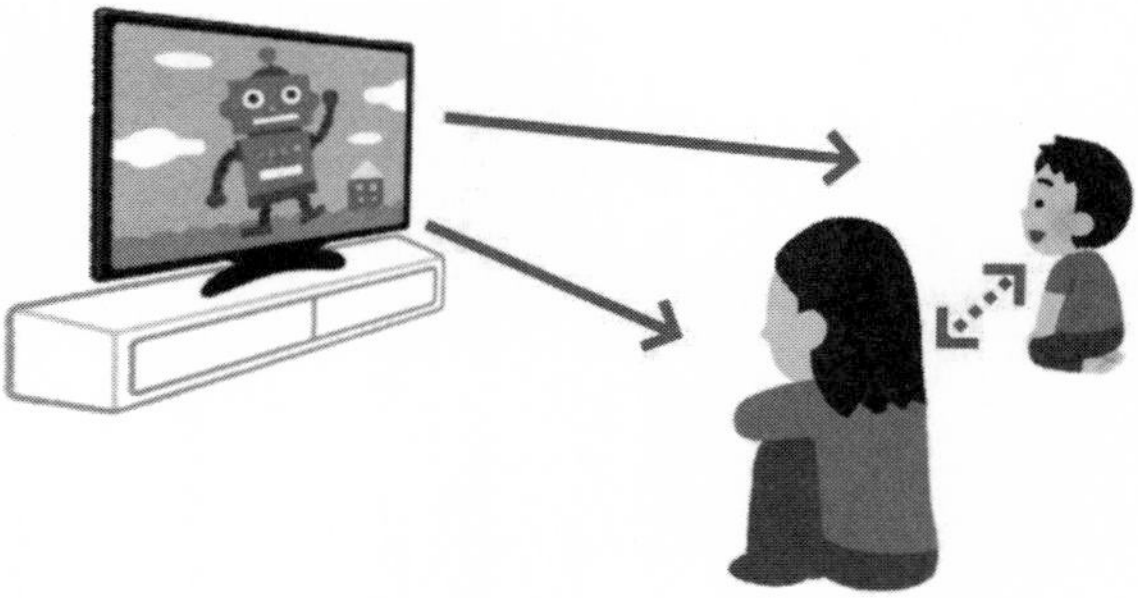

思うのだが。

次に、テレビ視聴で家族のコミュニケーションが減るという事についても、筆者なりにもう少し説明しておく。テレビを親子で見るという行為は大体、図の様な三角関係になっている。

しかし、テレビは生身の人間の三角関係とは全く違い、二人の事はお構いなしに一方的に音声を流し続ける。筆者も経験しているが、こういう時にテレビを見ている人間同士がしゃべろうとすると、どうしてもテレビの音声を遮って（テレビを無視して）無理にしゃべる事になる。これは生身の人間相手だと時には失礼になる事だが、一方的にしゃべり続けるテレビを前にしては、これをしなければ仕様がなくなる。しかも、それでもテレビはしゃべり続けるので、親子のコミュニケーションといってもほんの少しの間の事で、長続きはしない。ましてや、親子が顔を合わせてお互いの表情や態度を見ながら対話するといった事からは程遠いものになる。こういったコミュニケーション、つまり、落ち着いて行われるコミュニケーションは期待できない事になる。むろん、親が発した言葉を子供が黙ってしばらく考えるという様な事も不能だろう。

それ以外の電子メディアも……

さて、日本小児科医会では、前出の「2歳までのテレビ・ビデオは控えましょう」の他に、こうも呼びかけている[1]（筆者注：一部要約。また小児科の対象範囲は15〜20歳くらいまで）。

・子どものメディア（テレビ・ビデオ・インターネット、スマホといった、この本でいう「電子メディア」の事）の1日の合計時間は2時間までが目安と考えます。
・電子ゲームは1日30分までが目安と考えます。
・子ども部屋にはテレビ、ビデオ、パーソナルコンピューターを置かないようにしましょう。
・保護者と子どもでメディアを上手に利用するルールを作りましょう。

他方、日本小児科学会の提言（前出以外）ではこうなっている[2]。

・テレビはつけっぱなしにせず、見たら消しましょう。
・乳幼児にもテレビの適切な使い方を身につけさせましょう。見おわったら消すこと、ビデオは反復視聴しないこと。
・子ども部屋にはテレビ・ビデオを置かないようにしましょう。

ここで、前の方、小児科医会の「1日2時間まで」の根拠は、1日24時間の子供の生活時間の中で、睡眠時間・食事の時間・園や学校で過ごす時間・友達としゃべったり遊ぶ時間、を引くと2時間が限度だろうという事だという。一方、電子ゲームの「一日30分まで」の根拠は示されていないが、それは恐らく次の項目で紹介する資料ではないかと思う。文部科学省・国立教育政策研究所が行った、全国の小中学生のゲーム時間の長さと学校での成績の関係を示す調査結果だ。日本小児科医会では、この調査と同時にこの研究所が行なった小中学生の携帯・スマホ使用時間の長さと学校での成績の関係を示す調査結果を日本小児科医会のスマホ啓発ポスターで紹介しているからだ。

また、脳科学者で子供の発達障害に詳しい澤口俊之氏は、『発達障害の改善と予防』(小学館、2016年刊)の中で、6歳ごろまでは、電子ゲーム、スマホ、タブレットは避けろ、と強調している。

(この項目でのその他の参考文献:注[4])

スマホ電磁波の害も……

日本小児科医会は現在、前出の提言とともに、「スマホに子守りをさせないで!」のキャンペーンも行なっている。この趣旨は、スマホの「子育てアプリ」を使う事での赤ちゃんへの悪影響や、親がスマホに気を取られて子供とのコミュニケーションが希薄になっている事への危惧・警告である。確かに筆者も、若い母親が小さな子供を連れながらスマホばかりに気を取られている姿を見ると、悲しい気分になるし、子供の将来も心配したくなってくる。

また、スマホなど電子画面を見つめる機器では、この章第二節で指摘する様に長時間使用での目への障害の懸念も大きい。しかし、これとは別に、スマホで特に注意したいのは、スマホは使用中、かなり離れた携帯電話基地局（中継アンテナ）と電波で情報のやり取りをしている。つまりスマホは使用中かなり強い電波＝「電磁波」を出しているのだ。電源が入っている限り、操作なしでも、基地局と情報のやり取りをするために時々自動的に電波発信している。この「電磁波」が人間の脳などに悪影響を与えたり、ガンの原因になる事が懸念されているのだが、この電磁波問題、国際的に情報が覆い隠されている傾向大で、この問題を知らない、或は聞いた事はあってもマスコミが余り騒がないので余り気にしていない人も多いのだろうと思う（ウィキペディアの「電磁波」の項目でも、事実をゆがめた「安全論」で占拠されている）。

しかし、ＷＨＯ（国連の世界保健機関）は現在、スマホが出している高周波電磁波について、「人に対して発ガン性を持っている可能性がある」との評価を出している。そして最近、ネズミ（ラット、マウス）を使った大規模な動物実験で電磁波の発がん性を示唆する研究が2件ほど出て来た事から、近い将来、ＷＨＯの評価はワンランク上がって「人に対して恐らく発ガン性がある」のランクになるのではないかとの話も専門家の間で出ている。

また、携帯・スマホの電磁波に関して、最近（２０２０年）、スマホ使用と乳がん発症との関連を示唆する大規模な調査（疫学研究）が台湾から発表された。[5] その結果によると、就寝前にス

マホを4分30秒を超えて使用している人は、それ以下の人よりも乳がんのリスクが5・27倍も上がっていた（統計的に有意＝信頼度が高い数字）。また胸や腹部、腰でスマホを持ち歩いている人は、腰より下の位置で持ち歩いていた人（筆者注：バッグに入れている場合などか）に比べて乳がんリスクが5・03倍（胸部）、4・06倍（腰、腹）も上っていた（同じく統計的に有意）。日本の専門医の団体である「日本乳癌学会」でも、最近は、電磁波と乳がんに関連があるかどうかが問題視されて来ている。[6]

女性が出産前と出産後に携帯・スマホを使っていると、生まれた子供が行動障害を持つ率が1.8倍、出産前だけの使用でも約1.5倍に上がるとの調査結果もある。そこで、妊娠中は携帯・スマホ電磁波を避けるために「念のため」携帯・スマホの使用は控えた方が良いでしょう、と述べている科学者もいる。[7]

これだけの研究を紹介しても、現在、スマホが当然の様に人々の生活の中で存在している現状を思い出すと、有害性など信じられないという人も多いかも知れない。また電磁波問題では、事実を歪めた安全論が流されていて（先に述べた様に、ウィキペディアの「電磁波」の項目でもそうなっている）、それも有害性が中々認知されない原因となっている。こういった「安全論」を排して、電磁波問題の冷静な「本当の現実」をもっと詳しく解説しなければならない様に本当は思うが、それは簡単に説明し終えられるものではないので、ここではこれで止めておく。しかし、スマホの電磁波にはよほど注意を払っておいた方が賢明だろうと筆者は考えている。

なお、p179以下の項目でもスマホの「電磁波問題」の話を少し述べ、また、スマホ電磁波の対策についても軽く触れている。併せてご覧頂きたい。

「スマホ認知症」も……

スマホの問題について、さらにもう一つ述べておきたい。スマホの脳機能への影響については、日本のマスコミで「スマホ認知症」も話題になっている。日本医師会・日本小児科医会のポスターでも、「認知症」とまでは言っていないが、子供のスマホの長時間使用で脳にダメージが出る、子供の脳の発達に遅れが出ると警告している。付け加えれば、このポスターを見れば、脳にダメージが、の男の子の絵はどう見ても小さな子供でなく高校生かせいぜい中学生くらいに見える。「小児科」自体、15歳〜成人するまでが診療対象の上限とされているので、やはりこの「スマホで脳にダメージ」の対象は（小さな子供でもそうだが、どちらかといえば）主に青少年に向けたメッセージなのだろう。

文部科学省・国立教育政策研究所が２０１４年に発表した全国のすべての小学6年生・中学3年生を対象とした非常に大規模な調査結果[8]の中でも、スマホ・携帯電話の使用時間が長い児童・

生徒ほど、学校の国語・算数の成績が低いという結果になっている。

また同調査で、電子ゲーム（スマホ・携帯電話でのものを含む）をする時間の長さと学校の成績の関係を調べたものでも、電子ゲームをする時間が長い児童・生徒ほど学校の国語・算数の成績が低い結果になっている。

これらは全国で約２００万人いる小学6年生・中学3年生の「全員」を対象とした調査で出た結果だ。しかし、この調査結果について、それは「スマホや電子ゲームをやればやるほど、家庭での勉強時間が減って成績が下がるのは当たり前だ」との考え方をする人がいそうだ。しかし、スマホ使用と学校での成績を調べた別の調査では「そうではないらしい」事が示唆されている。

仙台市と東北大学が協力して、仙台市の公立小中学校の全子供に対して行なった調査がそれだ。[9]

例えばこの調査結果では、家庭で勉強を1日2時間やってスマホを1日3～4時間か4時間以上やっている子供では、家庭での勉強時間が30分未満でスマホ使用が1時間未満の子供よりも国語の成績が悪かった。つまり、家庭での勉強時間が長くてもスマホ使用時間が長いと、学校での成績が、家庭での勉強時間の短い子供より悪かったのだ。

また、算数・数学の成績でも、前記・国語と同じ傾向が現れていた。家庭での勉強時間が2時間以上でスマホを4時間やっている子供では、家庭での勉強時間が30分未満でスマホ使用時間が1時間未満の子供より成績が悪かった。

この結果についてこの研究グループでは、**スマホ使用によって脳の前頭連合野**（＝**前頭前野**）**と呼ばれる部分の血流量が減り、前頭連合野の活動が鈍くなるためではないか**と推測している。

実際、テレビや電子ゲームを長時間視聴・使用していると、前頭連合野の血流量の低下が起きるというデータの報告があるという。電子機器の電磁波を浴びる事で血液の流動性が下がり、血流量が減るという研究結果があるので、ここでも電磁波が関係している可能性があるだろう。

また、この研究グループでは、子供のテレビ視聴や電子ゲーム使用の時間と知能テストの成績、また、脳のMRI画像を元にした脳の発達状況を調べているが、この結果を見ても、テレビや電子ゲームの時間が長い子供ほど脳の発達が悪く、言語能力に関係する部分を始め、他の脳部分の発達も悪くなっている事が明らかになっている。[9]

ただ、先の東北大の調査結果の解釈として、筆者がもう一つ考えるのは、第一章で述べた「遡及介入《そきゅうかいにゅう》」の可能性ではないか。この遡及介入をもう一度説明すれば、記憶の定着が後に経験した事によって妨げられる事であり、つまりここの場合で言えば、勉強しても、同じ日に使ったスマホの情報の方が頭に入ってしまい、先に勉強した事は結局忘れてしまったという事だ。一種の「情報過多」と言っても良いものだろう。この要素も先の調査結果には関係している可能性があると筆者は思う。しかし、ともかく今まで述べた様に、スマホ（や電子ゲーム）には色々と不安がある。そして、スマホの害が「さらに科学的に明確になった」時というのは、それだけ「被害が多数出ている」時でもある訳で、それまで待つというのは余り賢明な選択でない様に思う。

電子メディアと発達障害？

発達障害とは、通常、低年齢で出現する脳機能障害の事で、これには、自閉症、アスペルガー症候群などの自閉スペクトラム症（ＡＳＤ、自閉症スペクトラム障害ともいう）、注意欠陥多動性障害（ＡＤＨＤ）、学習障害（ＬＤ）などがある。後述する様に、この発達障害は近年、非常に増加傾向にあって、問題となっている。

これらの障害は、一般には、先天的なものと考えられ、また、治《なお》らないものと考えられている。ところが、日本の一部の学者や専門家の間で、年齢の幼いうちなら発達障害は改善可能であり、また予防も出来るという主張がなされている。そして、実際、多くの子供の例で発達障害の改善に成功しているという。[10] 幼い子供ほど改善が速く、脳科学者の澤口俊之氏によると、８歳未満なら改善可能としている。[11]

その彼らの改善・予防の方法だが、端的に言えば、近年発達の著しい電子メディア、つまりテレビやスマホ、インターネット、そして電子ゲーム、音楽の再生装置などを避けて、「昔ながらの普通の環境」「人間本来の環境」で小さな子供を育てる事なのだ。

※なお、澤口氏は、発達障害には、遺伝的（＝生まれつき）な要素と環境的（後天的）な要素とがあると考えられるといい、乳幼児期に発達障害を生じさせる可能性のある環境的要素として、前述の電子メディアの他、母子の密なコミュニケーションの不足、バランスの悪い食事、炭酸・カフェイン・ショ

糖（果糖を除く）入りの甘過ぎる飲み物、親の喫煙習慣、スマホの電磁波、などを挙げている。[12]

この注に述べた様に、電子メディアを消すだけでなく、母親など周りの人間が積極的に子供と関わる事も必要になる事は、澤口氏だけでなくこの主張をする他の専門家も言っている事である。子供にテレビなどを見るのを止めさせても、その後、母親だけで1日中スマホやパソコンを触っていて全く子供の相手をしないという様な事であれば、当然だろうが、効果が無いという。小さな子供の相手をしなければならないのだが、しかし、どういう様に相手して、またどの位の時間相手をすれば良いのか、昔のお母さんはそういう事を教えてもらわなくても自然と身に付いていたのかも知れないが（周囲の子育てを見て自然に覚えたのか或は母親経験のある年上の女性からアドバイスをもらっていたか）、今のお母さんは、「テレビ中毒」「スマホ中毒」（医学でいう「依存」の意味で使っている）で育った人が多く、いきなり、テレビやスマホから離れて、どうすれば良いのか戸惑う人も少なくないのかも知れない。なお、そういったお母さんのために、具体的に幼子の相手の仕方を分かりやすく書いたものとして『発達障害を予防する子供の育て方』メタモル出版（２０１０年）がある。但し、絶版中なので図書館などで見つけてほしい。

ともかく先述の専門家達は、テレビや他の電子メディアを避けるなどして「人間本来の環境」で育てる事で、発達障害の改善や予防が出来るという方法・考え方を取っているのだが、この方法・考え方には、理論的根拠を付ける事も出来るだろう。何故なら、この本で書いて来た様に、人間は未だ原始時代の性質・生理のままの脳・体で生きている部分が少なくないのだ。そして、乳幼児の時期というのは脳の（体もだが）発達の特に著しい時期である。そしてその発達は「環境との応答」（母親などとのコミュニケーションを含む）の中で行われていると考えられる。つまり、人類の長い歴史の中で、子供が育ってきた本来の環境・普通の環境の中で、子供の脳は「正常に」発達してゆくと考えられるのだ。

※ここで付け加えておくと、こういった小さな子供では、例え電子メディアを消しても、前述してきた「黙想」状態が生じるか、また黙想が有効かどうかも不明で、子供（筆者注：小さな子供か）にはデフォルト脳活動（＝黙想状態）は十分に見られないとの説もある（第一章）。黙想の事はここでは考慮せず、あくまでここで述べているのは、電子メディアの「不自然な環境」の問題である。

ともかく、ここで取り上げている主張をしている専門家達は、乳幼児期には「バーチャルでない実体験や遊びを豊富に積む事」が発達障害の予防に重要と説いているのだ。[12]

例えばサルの実験でこういうものがある。[13] サルの子供を、生まれた直後に母親から隔離し、一年ほど人間の手で人工保育した後、サルの群れに返す。すると、人工保育された（つまりサル本来の普通の環境で無い環境で育った）サルは、大抵、群れの中でうまく生活できず、同年代の子ザルからいじめられたり、オトナのサルからも攻撃されたりする。また、配偶行動（人間で言えば結婚）もうまくできない。そしてそういう実験サルの脳を死後調べると、脳の「前頭連合野」の働きに重要な機能（脳内神経伝達物質の調節系）が未発達になっていた事が分かった。この「前頭連合野」とは、哺乳類の中では人間で最も発達している脳の部分で、課題の遂行、計画づくり、意思、判断、社会性、情動（環境刺激によって比較的急速に引き起こされる感情。笑い、怒り、悲しみ、恐れなど）などと関わっていると考えられている大変重要な部分である。また、こうした「隔離効果」は2歳くらいまでの間に隔離すると顕著に起こり（これは人間でいうと8歳頃に対応するという）、2歳になった後で一年ほど隔離をした場合には、隔離後、当初は多少の障害が残るが結局は群れにうまく対応できる様になるという。

また、これと似て、もっと良く知られた話もある。「刷り込み」現象の話だ。早熟性のガンやカモなどの鳥類は、孵化《ふか》した直後に初めて見た「動く大きな物体」に追従する性質がある。鳥の雛の「普通の環境」ではその対象は母鳥であるはずである。ところが孵化後一定時間内に、初めに人や動物、或は物体を見せると、ガンの雛はそれを追いかけるようになり、またガンの仲間とは一緒に生活できなくなる。この様に、生まれて間もなくの時期に行われて、しかも安定した形で残る学習の事を「刷り込み」と呼んでいる。この「刷り込み」の現象は、著名な動物学者K・ローレンツによる研究などで明らかになって来たものだ。

この「刷り込み」の話も「生まれて間もなく」の「自然な環境」「本来の環境」が大事である事を物語っている様に見える。人間より原始的な鳥と高度な人間の脳とでは違うではないかという批判も出て来そうだが、確かに人間の脳は早熟の鳥とは違い、非常に時間をかけて成長してゆく事が知られている。しかし、それなら、なおさら、その人間の脳の長い成長期にやはり「自然な環境」「人間本来の環境」が重要だ、とは言えないだろうか?

一般に生物の形質（特徴、形、性質）は遺伝と環境の両方によって支配されている（決定している）と言われている。例えば人間の知能指数（ＩＱ）では、成人期初期のＩＱは6～7割が遺伝の影響で、残りの3～4割が環境の影響との説がある。[14] そしてこの説では、青年期のＩＱの遺伝の影響は5割強、児童期のＩＱの遺伝の影響は4割程だという。つまり、児童期では6割ほどがそれ以外＝環境によって知能指数が決まるという※。

※この説では、一卵性双生児と二卵性双生児の調査から前出の数字を出している。ただ、この説では環境と遺伝の影響の強さ（両者の比率）というのが、一卵性双生児であれ二卵性双生児であれ、また双子でない2人であれ、常に同じ影響の強さ（比率）を持つという前提に立っているらしく、その点、説の危うさを感じる。環境の視点で言えば、双子の場合は同じ家に住んで環境的にも似ている事が多いはずなので、環境の差による形質への影響は比較的少ないだろうし、双子でも兄弟でもない2人の形質の比較では、逆に環境の差の形質への影響は大きく出るはずだ。だから双子調査でのこの結果を単純に人間全体に当てはめることは出来ないと思う。一般的に言えば、人間の形質は、この双子調査の結果よりも、より環境の違いで決まっている部分が大きいはずだと筆者は考える。

以上、この説の難点も注記したが、しかし人間のＩＱが環境と遺伝の両方によって決まるという点は動かせない事実だろう。これは大変重要な点だろう。もし、この点を人間のＩＱ以外の他の脳機能にも敷衍《ふえん》させる事が出来るとすれば、人間の他の脳機能も、やはり「遺伝」と「環境」の両方によって発達してゆくという事になる。

そこで、やはり、脳の成長期における「適切な環境」、人類の歴史の中で存在し続けていた「普通の環境」「本来の環境」が、子供の脳機能の発達にとって鍵となるのではないかと考えられて来る。

ここでテレビなどを考えるが、何度か述べている様に、テレビなどは一方通行に音声・映像の刺激を送り続ける。本来、生まれた子供、特に生後しばらくは、主に母親とのコミュニケーションの中で脳が成長してきたはずだ。それは一方通行のものでは無かった。双方向のコミュニケーションである。例えば、子供が何かを見る、何かに触る、すると、そばでそれを見ていた母親がそれに対して例えば「ああ～あれは○○だね～」とか言う、あるいは何かの表情や動作で子供の行動に反応する、こういう事によって子供は母親の言う言葉の意味や表情・態度の意味を少しづつ学んでいったはずだ（ただ表情などはひょっとすると子供は生まれつき分かっている部分もあるのだろうか？　専門家の意見を知りたい所だ）。

また、子供は母親が関わらない時でも、自発的に自分の周りにある物、風景、生物などを見、物などを時に触ったりして、段々周りの世界がどういうものか覚えていっただろう。こういう事によっても脳の正常な発達がなされて来たのだろう。

ところがテレビやネット動画の場合は、子供が何をしようと何を言おうと、全く無関係に音声・映像を流し続ける。テレビなどの音声・映像は「定位反応」（前章出。テレビなどの動画で言うと、要するに音や光や画面の変化に強く引き付けられる事）を誘発するものなので、テレビがついていると子供はそれに引き付けられたままである。また、テレビなどに映った「物」を子供が触ろうにも、薄っぺらの平面でしかない。本来の「物」では無いので奥行きも無い、触感も違う、重さも無い、つかむ事も出来ない。「物」がどういうものなのか、これでは学ぶ事も出来ないのだ。

電子ゲームではどうか？

では、電子ゲームと子供との関係はどうか。これらはテレビに比べれば、まだ双方向のやり取りになっている。しかし、一つに問題なのは、人間が本来の環境から受けて来た刺激に比べると、刺激が強すぎる事ではないか。電子ゲームは大人でも刺激が強すぎると思えるものが色々ある。この様なものを脳の未発達な子供に見せる事はやはり脳に良くないのではないだろうか？　電子ゲームと発達障害の一種ＡＤＨＤ（注意欠陥多動性障害）の関係も専門家の間で議論されている（第四章参照）。

前述した様に、「6歳くらいまでの電子ゲームは避けよう」（脳科学者・澤口氏）、「子供の電子ゲームは一日30分まで」（日本小児科医会）の提言もなされている（小児科の診療範囲は0歳～15歳位ないし成人位までなので、小児科医会のいう「子供」もそれ位の範囲を想定としているとも考えられる）。

第2に、電子ゲームからもたらされる映像は、テレビ同様に、あくまで現実のものでは無いという事だ。前述した様に、手でつかむ事も出来ないし、人間の働きかけによっても自然な動き・反応をせず、全く実際の「物」ではあり得ない様な反応を示す事もある。まず重要なのは、子供に「現実の世界」がどういうものか体験させ、脳に覚え込ませてゆく事だろう。「仮想」は、「現実世界」が十分に頭に入ってから後の事にしなければならないのではないか。

ちなみに、子供は、9~11歳未満では現実と仮想の区別が十分に付かないと言われる。[15] 私事で恐縮だが、私は小学一年の頃だったか、母親に連れられて近くの映画館に「ガメラ対ギャオス」だったかの怪獣映画を見に行った事がある。見終わって映画館を出た後、私は空を見上げて「どこかにガメラいないかな?」言った所、母親に笑われ諭《さと》された経験がある。この頃の私はまだ映画の中の話と現実との違いが十分には分かっていなかった様なのだ。

また、小学校低学年の頃だったかには、テレビを見た後、よく悩む事があった。テレビに映る「人」がそこにいない事は「アタマ」では分かっていても、何か腑に落ちないのだ。実際にテレビの所に人がいる訳ではないのだが、どうもそれが「実感として」納得できなくて、非常に悩む事がよくあった様に覚えている。これは小学低学年だったかの頃で、まだその頃でも現実と非現実の区別が十分ではなかったのかも知れない。今になってみれば、あの頃テレビを見て良かったのだろうか?と思う事もある。

電子ゲームの話に戻すが、その内容にも問題があるものが多そうだ。米国では、ここ数年、銃乱射事件が毎日の様に起きているが、電子ゲームの中でも、銃を持って次々と人を撃ち殺していくといった恐ろしいゲームが堂々と流通している。こういった電子ゲームと米国の銃犯罪は無関係だと同国の電子ゲーム業界は主張し、また業界とつながっているのだろうか一部の学者達も同様の説を出しているが、当然の如くか、無関係とは言えないとの考えをとる学者も一定数いる。乱射事件の犯人が、相手を次々と撃ち殺す電子ゲームのマニアである事が判明し、またそのゲームに触発されたことをほのめかしているケースもある（そのケースでは、犯行の直接の動機は別にあった様だが、ゲーム体験がその犯罪の実行を容易にさせたという所か）。筆者が実際にそういうゲームを見ても、現実の行動に影響すると考えてもおかしくない様に感じられる。筆者が小中学生だった時代でも、テレビ番組を見て、その登場人物の真似をしている同級生が良くいたものだ。親は、もし子供に短時間、電子ゲームの時間を許すにしろ（日本小児科医会は1日30分以内に制限する事を提言している）、親がゲームの内容をチェックしてふるいにかける必要があるのではないだろうか。

さて、電子ゲームが子供に良くない第4の点は、依存性が非常に強いものである事だろう。これも問題だ。現在、「ゲーム依存」（電子ゲームへの依存の事）が正式に依存症の一つとして認定されており、日本でも「生活に大きな支障が出ている場合」を対象として一部の病院で治療が行われている。例えば、長時間にわたって電子ゲームをする事が習慣となって依存的傾向がみられる場合、「普通の」生活を送る事が困難になって来る事があるのだ。

また、それればかりではない。電子ゲームでは、脳の機能の一部分しか使っていないと考えられるので（主に反射的部分か）、少年期・青年期に依存的状況であると、まんべんなく使ってまんべんなく発達させるべき脳が、偏った発達になりかねない。こういうものに小さな子供を（長時間）接触させるのは、やはり良くない事と考えられるはずだ。

電子ゲームでは体はほとんど動かす事がないので、その非常な運動不足から体の不調も懸念されて来るだろう。この「運動不足」という事では、パソコンやスマホ（自宅での場合）でも同じである。たかだか運動不足ではなく、慢性的な運動不足は、様々な深刻な病気の原因となりうる。特に体の成長期にある子供では、本来、体を動かして体を作ってゆく時期であるのに、電子メディアに依存して運動不足が続くと、体の基礎が出来上がらない恐れもある。

ところで、精神科医・医学博士で『脳内汚染』著者の岡田尊司氏は、電子ゲーム依存の青年の特徴として同著の中でこう述べている。

ゲーム（筆者注：＝電子ゲーム）への嗜癖（依存）が長期間続いている青年に接して感じることは、**彼らが非常に幼い心の発達段階にとどまっていて、**ささいなことでも思い通りにならなかったり、耳の痛いことを言われるとイライラしやすいことと、また、興味の幅が非常に狭くなっていること、そして、もう一つは、無気力で現実的な困難に向かっていこうという気力を失っていることである。（中略）

また、ネットやゲーム依存の重要な症状の一つは、家族や友人との関わりを次第に軽視し、持たなくなることである。家族と話をしてもつまらないとか、友人と一緒にいても楽しくないと、適当に理屈をこねる。その実は、自分の思い通りになり、依存しているゲームやネットに1分で

も多くの時間を使いたいだけなのである。（中略）

ゲーム依存の若者では、家族が少しゲーム以外のことをするように口出しするだけで激高し、家庭内暴力に及ぶこともよくある。その子にとっては、ゲームをする時間は、或る意味で「聖なる時間」なのである。

実は、こうした症状は、薬物、アルコール、ギャンブルなどへの依存症が長期に続いた場合の症状に非常によく似ている。

たとえば、慢性的な薬物依存症の若者の場合にみられる傾向と比べてみれば、その共通点は一目瞭然だ。彼らにみられる特徴の一つは、快・不快といったレベルの未熟な反応の仕方に退行を起こしていることである。（中略）ストレスに対する耐性が乏しく、少しでも自分に不都合なことがあると、イライラしたりそれから逃げ出してしまう。（中略）苦しい思いをしてまで、現実的な困難を乗り越えようとは思わない。

（以上『脳内汚染』Ｐ１１８-１２０より。一部太字化と丸カッコは筆者による）


岡田氏は、こういった状態を、「電子ゲームの過剰な快感刺激によって脳内神経伝達物質の感受性低下が起き、その結果、脳に耐性が形成される」事によるものと見ている（「耐性」とは、依存性のあるモノの「摂取」に対して、段々とその効果が薄れてゆく事。その結果、再び「効果」を求めて、そのモノの摂取量が増大してゆく事が多い）。ただ、筆者は、この状態には「耐性形成」だけでなく、この本で述べている少年時代からの「黙想」の欠如も大いに関係ありそうに思えるし、また、親の方も、頭が未熟なまま大人になってしまっていて――これらはこの本で述べている「黙想」の欠如によって主に起きるのではないかと筆者は考えているが、この話は主に第四章で述べる――そういった親と子供とのギスギスした関係も影響していそうに思う。さらには「スマホ」の所で述べた「電磁波」の悪影響も関係ありそうに思う。

電子ゲームの話はまだ述べなければならない事がありそうだが、この話はここで一応置いておく。次に発達障害が近年、非常に増えている事について述べたい。

発達障害は近年非常に増えている

発達障害は近年非常に増加している。例えば、その内の一つ・自閉症の診断率では、1960年頃には5000人に一人程度だったものが、2010年頃には50人に1人と、100倍にも増えている。[16]

また、通常の学級に在籍しながら、特別な教育支援（通級による指導）が必要な小中学校の児童・生徒の数字がある。このほとんどは発達障害の子供だと言われるが、全国平均では、6.5%、つまり15~16人に一人である。[17] この数字だけでも、ずっと以前に小中学校を卒業した筆者にとっては驚くべき数字に思われるのだが、埼玉県の教育委員会の発表した県内の数字では、これが10・5%とさらに高率になっている。[18] 何と10人に1人である。しかも発達障害の子供は、前記以

外に特別支援学校にも多く在籍しているので、発達障害の子供全体の割合は前記数字にさらに数%上乗せしたものになると言われている。埼玉県の場合では15%もの小中学校の児童・生徒が特別教育支援の対象者となっている。[18]

この様な高率について、それは発達障害が近年世間に広く認知されて来たので、医者に診断されるケースが増えた、また学校でも児童・生徒をそう見立てるケースが増えた、という考え方があり、確かにそういう部分もあるかも知れない。しかし、それだけでこの様な高率は説明できないとの考え方もやはりある。

先に脳の発達は遺伝と環境の両方の要素でなされてゆくらしいと書いた。それなら、この数十年で「発達障害」を生む遺伝子が急激に増えたか？　遺伝学を多少とも知っている人なら分かると思うが、現代の日本で、特定の遺伝子がそのような短期間に大きく増加する事は考えられない。——これは例えば、日本人の大部分が死に絶えて、数十人の集団から日本人が再出発し、再び人口1億人にまで戻した、しかし、その数十人の中に発達障害の遺伝子を持った人がたまたま数人含まれていた、という様な想定をすれば、「遺伝子」で発達障害の急増の現状を説明できるが、そのような想定は現実にはあり得ない。だから「そういう遺伝子が急増した」という事は考えられない。

では、子供が母親のおなかの中にいた時に、発達障害を生む何らかの原因があって、その原因が急激に増大したか？　これは少し可能性がある。それは先に述べた「スマホ・ケイタイ」などの電磁波だ。これを支持する統計も前に挙げた。但し、まだ科学的には不確実である。

この電磁波も環境要因の一つとすれば、では、他に環境要因はないだろうか？　子供の脳は外界との応答の中で発達してゆく部分が大きいらしく、それは母親や他の身の回りの人や「物」の環境がそうなのだが、子供の頭は本来そういう「自然な環境」との応答で正常に発達してゆく様にできているのだろうと何度も述べて来た。しかし、「不自然な環境」が現代においては存在していて、それがテレビや電子ゲームなどの電子メディアだろう、という事も書いて来た。やはり、前出の一部の専門家達の言う様に、小さな子供にとってはこの電子メディア（の過剰使用）も発達障害の一つの要因なのではないだろうか？　前述した様に、これらテレビなどを家庭内から取り除く事で、「発達障害」特に自閉症的症状を示して来た乳幼児の改善に成功している例も多数あるのだ。

なお現在、前出の小児科医会の提言、つまり0～2歳はテレビ視聴を控えましょう、という提言は、出産前のお母さんに産科や保健師などから伝えられている様だが、それでも、小さな子供を育てているお母さんの書いたネット上の書き込みなどを見ると、提言をきっちり守っていない人もいる様だ。特に子供が1～2歳になると、手がかかるので、テレビに子守りさせている母親は割合いるらしい。しかし、この時代の子供の脳というのは大変発達が著しく、しかも非常に微妙な時期らしいのだ。その時代にテレビという「不自然なもの」に子守りさせて害がないのか、お母さんたちはもう少し慎重に考えた方が良いのではないだろうか。

付け加えると、ご存知の様に、「三つ子の魂《たましい》百まで」のことわざもある。この「年が三つの子」は数え年の事と考えられるので、満年齢では2歳になる年に当たる事になる。この頃の幼い時代の性格は年を取っても変わらないというものだ。この「2歳」は、奇しくも前出の日本小児科医会の提言の年齢と同じなのだ。確かに、この頃は脳の発達が著しく、しかもそれは遺伝だけで決まっているものでは無く、環境との応答で発達してゆくらしいのだ。その時期にテレビにさらして良いのか、それに応じた「不自然な回路」が脳に出来て固定してしまう恐れはないのか、考えた方が良い様に思う。また、そういった小さな子供がテレビという新しいモノに「うまく」(問題なく)対応してくれるだろうなどと考えるのも基本的に間違いだろう。人類は農耕を始めて、もう数千年経っているのだが、それでも狩猟採集時代の生理・性質のままらしいのだから、これを考えても人間の生理・性質はそう簡単に新しい環境やモノに対応してくれない事が想像出来ると思う。

テレビ擁護派の意見は余り信用できない?

前項でも触れた様に、ネット情報を見れば「小さな子供にテレビ見せても大丈夫」と書いている若い母親もそこそこいる。これは前出の日本小児科医会などの提言に対する反応なのだろう。

確かに、そこそこ年齢の上がった子供なら「脳内回路」もある程度出来てきていて、そういう子供にテレビやネット動画を「少し」見せるくらいなら、そう心配も無いかも知れない。しかし、「テレビ擁護派」の意見の中には、自分自身が「テレビ依存症」なので（自身で気付いていなくても、気付いていても）、テレビが小さな子供に良くないという話も認めたくないという心理が働いている人が少なくないのではないか。というのは、「害を認めない」という「否認」の心理は、「依存症」の人に必ずと言っていいほど、よくみられる心理とされているものなのだ。

また、こういう事も考えた方が良いかも知れない。テレビ業界は非常な巨大産業である。特に米国では産業界の力が強く、そういう巨大産業の利益を損ねる話が出てくれば、様々な手段を使ってその動きを潰そうとするらしい。地球温暖化の問題では、科学者達から炭酸ガス温暖化原因説が唱えられ、そこで炭酸ガス削減によって産業界に打撃が出る可能性が出て来るとなると、化石産業界などから資金提供された財団の働きかけでシンクタンクやメディアが温暖化懐疑説のキャンペーンを張り、炭酸ガス温暖化説は陰謀だとまで主張した[19]。

また、タバコの害の問題では、かつて、たばこ業界は、タバコが無害であるとの研究に積極的に資金提供し、たばこ無害説を大きく宣伝していた。しかし現在タバコは「発ガン性あり」と正式に認定されている。また「電磁波問題」ではそういう話が未だ現在進行形であるらしい。

この様な話は「テレビ問題」でも「ある可能性がある」と考えておいた方が良いのではないか。日本国内のネット情報で、テレビ見せて子供育てたけど全然大丈夫でしたよ～、みたいな書き込みを見つけても（もし、本当の話だとしても、全然大丈夫だったかどうか母親が気付いていないだけかも知れないが）、ひょっとすると「サクラ」である可能性も少しは疑っておいた方が良いのではないだろうか？　日本でも米国の様な話が無いとは言えないのだ。ただ、心情的に言うと、日本人はもう少し誠実な国民だと信じたい所なのだが。

電子メディアを控える事で乳幼児の発達障害的症状の改善が見られるという事への批判に対する反証

前に、小児科医や発達専門家が乳幼児のテレビなどの電子メディア（テレビ、ビデオ、電子ゲーム、音楽など、勝手に音が出たり画面が動いたりするもの。以下同じ）の視聴・使用を一切やめさせた事で、その子供の発達障害的症状に改善が見られた例があると書いたが、この事に対してこの様な批判も出て来そうだ。乳幼児期はその様な対策を取らなくても、その内自然に言葉が出て来るし、とりわけ精神発達の著しい時期なので、テレビなどを見ようが止めようがその事は関係なく、改善に見えたものは、ただ単に子供の自然な成長を見ているだけではないのか、と。

しかし、それは違うだろう。何故なら、まず第一に、「電子メディアをやめる方法」で子供の改善を図った医師などが述べる、子供の改善の様子をみると、テレビなどを止めさせて「すぐに」はっきりと子供が変わって来る（改善の兆しが出て来る）という例が多いからだ。この方法を実践して来た片岡直樹・川崎医科大学小児科教授によると「2～4週間ですべて解決します」という。[20]同じ方法を実践して来た他の専門家が書く子供の改善の様子を見ても、1〜2か月くらいで、子供にはっきりと改善の傾向が見られるとなっている（ただ、子供の年齢がかなり上がってからだと改善に時間がかかる、と異口同音に指摘している）。

前記の批判に対する第2の反証は、発達障害の子供達の中に、生まれた後しばらく（1〜1.5歳くらいまで）は正常に発達していたのに、その後（1.5〜2.5歳くらい）に、コミュニケーション能力を失ってしまう（笑顔が無くなる、目線が合わなくなる、出かけていた言葉が無くなる、など）子供達が少なからず存在する事だ。[21]そして、そういう子供達も、その後、医師・専門家の指導でテレビなどを一切やめさせると発達が改善してゆく事が報告されている。この事実は、小さな子供の発達にとって正に電子メディアが妨げとなっている事を想像できるものになっているのではないか。

また、前に、人間の精神発達は遺伝と環境の両者で決まる、と筆者は書いた。例えば、人間の身長でもこの両者で決まると言われているが、つまり、そこそこ背が高くなる遺伝子を持っていても、環境（栄養条件などか）によっては背が低くなる場合もあるだろうし、また、その逆に、環境が良くても、元々余り背が高くならない遺伝子を持っていたならば、余り背が高くならない事はあるだろう。この例と同じ事が子供の精神発達にも言えるのではないだろうか。

つまり、遺伝的に障害的な遺伝子を持って生まれてくる子供もやはり存在すると想像できそうだし、そういう子供は環境が正常でも障害を持つかも知れない。しかし逆に、遺伝子には問題がなくても（少なくても）、環境の作用によって精神発達に障害的症状を生じる事もまた、考えられるのではないか。また、元々障害的な遺伝子を持っている子供は、元々障害的な遺伝子を持っていない子供よりも不自然な環境（テレビなど）の影響を受けやすいかも知れない。そういう子供の場合は、遺伝的要素と環境要素の両方が障害的な方向に動くと想像できる訳だ。同じ様にテレビを見ていても、発達障害的症状の強く出る子と症状の少ない子がもしあるとしても、それはこの様な説明で理解できるのではないか。

自閉症が男の子に多い理由は……？

発達障害の一種・自閉症は男の子の割合が女の子の5倍ほども多い。この理由はまだ分かっていない。

しかし、男の子の脳と女の子の脳を比べると、（大人でもそうだ、というよりこれは元々大人でそう言われる事かも知れないが）男の子の脳は何かと専門的になりやすい脳で、女の子の脳は逆にまんべんなく発達する脳だと言われる事がある。男に○○マニアというのが出やすいのはこ説を支持している様に見える。男の子は大人になると何かの職業について、そのになる事が多く、それに適した頭、特殊なものに適応しやすい頭になっているという事なのだと思う。逆に女性は小さな子供を育てる際に、片寄って発達をした頭で育てると子供も片寄った発達をして、子供が小さな頃はそれだと何かと良くないのだろう。むしろ子供が小さな頃は、まず、まんべんなく頭を発達させる必要があるのだろう。それで（将来、子供を育てる）女の子の頭はバランス良くまんべんなく発達する頭になっているのではないだろうか？　別の言い方をすれば、特殊化しにくい頭なのではないだろうか？

この事を認めるとすれば、テレビなどという「不自然なコミュニケーションツール」に「対応」しやすいのは、男の子の脳ではないかと考えられて来る。一方、女の子の脳は「特殊化しにくい」「常識的な」発達の仕方をするので、テレビなどという「不自然なモノ」に染まり難いのではないだろうか？　逆に、男の子の脳は特殊化しやすい脳なので、別の言い方をすれば、多少バランスを欠いていても、多少「非常識」でも、それに対応してしまう脳になっているのではないだろうか？そして、この事が災いして男の子の脳が「テレビ」に対応してしまい、その結果が、「自閉症」が男の子に多くなる結果になっているのではないのだろうか？　どうだろう？

もう一つ考えられる事がある。女性は子育て向きの頭になっているのではないかと先に書いた。この子育ては、正に子供とのコミュニケーションで行われてゆく部分が大きい。つまり、女性の脳は人間対人間という「正常なコミュニケーション能力」を身に付ける能力が、小さな頃から男の子に比べて優れているのではないかとも考えられる事だ。だからテレビという「不自然なコミュニケーションツール」に染まり難いとも考えられるのではないか。

自閉症児がテレビの強い影響下にある事を示す話

最近、『自閉症は津軽弁を話さない』（松本敏治 著、福村出版、２０１７年）という本を知った。著者は教育学博士・臨床発達心理士で弘前大学教授だった人である。この本によると、自閉症の人は津軽地方の人でも余り津軽弁を話さず、標準語を話す傾向が強いのだという。また、普通の子供なら、テレビや映画の中のキャラクターの真似の他に、自分の家族の真似も出来る子がいるのに、自閉症の子供はテレビや映画の中のキャラクターの真似は出来るのに、家族の真似をする事が難しいのだという。

以上の内の一つ目の話は、自閉症の人間が、テレビなどの映像メディアの強い影響下にある事を示しているものに見える。テレビの中の人間は、普通は津軽弁を話さず、標準語を話すからだ。また、二つ目の話も、テレビの影響をうかがわせるものだろう。子供時代に本来なら家族との関係が最も大事なはずなのに、テレビなどの映像メディアがそれに勝ってしまっている事を示唆するものになっているのではないか。

テレビの強い影響を感じさせる話はまだある。ナショナル・ジオグラフィック日本版２０２０・５月号「自閉症を抱えて大人になる」によると、多くが20代後半の自閉症者の集まりを見学した記者が、まず感想として、彼らは**「実際よりもかなり若く見える」**としているのである。テレビばかり長時間見ていると中々大人になれないのではないか、というのは、この本の後章で指摘する話だが、この「実際よりも若く見える」というのは、彼らがテレビ中心の育ち方をして来た、それで大人になり切れていない、と考えれば腑に落ちて来る話の様に思う。

「テレビの無かった時代にも自閉症はあった」は本当か?

テレビの無かった時代にも自閉症はあったという指摘がある(だから、自閉症はテレビ視聴と関係が無いとの主張だ)。しかし、その自閉症の報告の当時、ラジオは既にあったのだ。自閉症が初めて見つけられたのは1940年代のアメリカ・ボルティモアのレオ・カナー医師によってだが、当時の米国ではラジオの商業放送が行われていた。米国では1941年からテレビ放送が開始されているが、一般家庭にテレビが普及しだすのは1950年代の事と言われるので、1940年代のボルティモアの医師によって発見された自閉症が「テレビ放送」原因だった可能性は確かに低い様に思うが、しかし、ラジオは既に商業放送が行われていたので、その影響を受けていた可能性はあるだろう。お分かりの様にラジオは、テレビと同じく一方的に音声を流し続ける。画面が無いだけで後はテレビと変わらない訳で、つまり、この1940年代における自閉症の初報告例はラジオが原因だった事も考えられるはずだ。

普通の大人にも「自閉的」な人が目立って来ている？

自閉症に典型的な症状として次のものなどがある。

・目線が合わない。※注：日本人の場合は、ずっと目線が合っている訳でなく「必要な時に」合うのが普通の状態と言われる。
・表情、仕草などの非言語的コミュニケーションがうまく出来ない。
・無表情である。
・他人に対して無関心である。
・全く言葉を話さないか、話しても言語能力が低い、或は言語能力に問題はなくても会話能力が低い。
・仲間関係を作れない。
・名前を呼んでも振り向かない。

など

これらの症状は、実は乳幼児期にテレビにさらして発達障害的になった子供達に見られる症状でもあるのだが、これらの内、「目線が合わない」というのは、大人でもテレビをよく見ている人に見られると言われる事もある。特に若い人や中年でも多い様に筆者は感じている。また逆に、何もないのに睨《にら》みつける様な目付きでこちらを見る若い人間も目立つ様に思う。逆に年配者では、そういう人はほとんどいない様に感じる。目線に限らず、何かの際に全くの他人であっても軽くコミュニケーションを取る事で（言葉に限らず）、気持ち良くその場をしのげる様な時にも、特に若い人では、時に中年でも、全くそれをせず、私がそこにいないような態度で去ってゆく人もいる（2番目の箇条を参照）。それは余り気持ちの良いものでは無いし、とにかく、「取り付くしまがない」というのか、コミュニケーションのきっかけが全くつかめない人が目立つ。年配の人（この年代はテレビ無しで育った世代だ）は全くその逆で、ちょっとした時に目線がちょっと合うだけで、或はちょっとした仕草だけでコミュニケーションが出来る人がほとんどだ。同じ人間でもこれだけ違う。

次に、先に列記した自閉症の症状で、「名前を呼んでも振り向かない」というのがあった。しかし、考えてみれば、テレビは一方的にしゃべり続ける機械で、これに対してそれを見ている人は、別に返事をする必要はないし、ただ黙ってテレビのいう事を聞いているだけで問題は起きない。「名前を呼んでも振り向かない」というのは、そういうテレビでの態度が現実社会においても発揮されているという事ではないのだろうか？　だから、その人にとっては返事しなくても「普通」としか感じられていないのではないか？

また、こういう事もあるのかも知れない。テレビの「騒音」に日常的にさらされて、その結果「音」に鈍感になっているのかも知れないという事だ（これは前述した、依存症の典型的症状である「耐性」の形成というものだ）。近年は、例えば道を歩いていて後ろから車が来ても中々よけない人も多い。以前にはそういう人はまずいなかった。これも、テレビ音声に日常的にさらされて音感覚がマヒしてしまっている事の反映なのかも知れないとも思うのだが、どうだろうか？

第二節　目への影響―内斜視（ひんがら目、寄り目）、近視、スマホ老眼など

内斜視（ひんがら目、寄り目）

スマホを長時間やっている人が突然、内斜視（いわゆる寄り目、ひんがら目）になってしまう事があるという話は、ニュースでも流れていたので、聞いた人もあるだろう。問題になっている内斜視は、すぐに直らず、ある程度固定してしまう症状を指している。メカニズムははっきりしていないが、長時間のスマホ使用が原因と考えられており、スマホの使用を1か月控えると改善した例が報告されている。但し、重症で手術が必要になったケースもある。

内斜視になると、物が二重に見えて気付く事が多い。また、両目よりも片目で見た方が見やすい人は内斜視の前兆と考えられるという。

長時間スマホを使っていると急性の（つまり短期間の間に）内斜視化する可能性があると指摘されており、スマホ使用時間を制限するように眼科医達は呼び掛けている。その時間だが、1日4時間未満にするべき或は3～4時間以上は危険という人もいれば、1日1～2時間以内にしましょうと言う人もいる。また、目とスマホの距離も関係しているらしく、この距離が20センチメートル位だと内斜視になってしまう事が指摘されている。スマホでは、目との距離が20～25センチメートル程になる場合が多く、一方、紙の書籍では25～30センチメートル位が多いとの調査結果もある。スマホと目との距離を30センチメートル以上、出来るだけ離す事が呼び掛けられている[22]。

また、スマホ使用で、逆に外斜視（黒目が外を向いている、いわゆるロンパリ、やぶにらみなどと呼ばれるもの）との関連も指摘がある。20センチメートルの距離でスマホを見続けると「単眼視」になる可能性があると指摘されていて、単眼視とは、片目だけで物を見ている状態の事だが、外斜視の人では単眼視をする場合が多いという[22]。

内斜視の話に戻すが、スマホだけでなく、電子ゲームの使用でも内斜視が発生する事が分かって来ている。21～23歳の若者7名（男1人、女6人）に電子ゲーム機器を使って、目と画面との距離20センチメートルで90分間ゲームをやってもらった実験がある。すると実験後、3人が内斜視化した。うち一人は極端な内斜視となった[22]。

9歳未満で内斜視になると、弱視になる可能性が高いとも指摘されている。弱視とは、眼鏡・コンタクトレンズを使っても視力が出ない状態だ。

子供の場合、スマホ・電子ゲームだけでなく、3DやVR（バーチャル・リアリティー）などの立体映像にも要注意と言われる。小さな頃にこれらを見て、急性内斜視になった例が報告されている。そこで電子ゲーム機で、ＶＲ画面で使用するプレイステーションＶＲなどでは、「ＰＳＶＲの対象年齢は12歳以上です。12歳未満は、ＶＲヘッドセットを使用できません」といった警告文が付いている。

テレビの事を書かなかったが、ここでテレビについての筆者の見聞を書けば、テレビに近付いて見ていた筆者の姪《めい》が、一番組見終わった直後、内斜視になっていた事を思い出す。それは一時的なもので固定してしまわなくて良かったと思っているが、どうもスマホに限らず、ああいう電子機器の映像を近くで見ると内斜視（外斜視もか）になる危険がある様だ。特に小さな子供が危なそうだが、前出の実験例でも分かる様に、20歳頃の若者でも要注意らしい。

また筆者は、スマホはもちろん、電子ゲームもまだやるかどうか分からない乳幼児が内斜視になっているのを見た事もあるので、それは、やはりテレビが原因の内斜視ではないだろうかと思う。

実際、若い人で内斜視（寄り目）の人は少なくない。特に女性に多い様に思うが、内斜視だと、それだけで女性としての魅力が下がる（と筆者は思う）。これがテレビの見過ぎが原因だったのか、電子ゲームだったのか、スマホ・ケイタイのやり過ぎだったのかは分からないが、やはり、これらの使用時間は制限した方が良いと思う。15～20歳までを対象としている小児科医会はこれらの使用時間の合計を1日2時間までとしましょう（テレビ、パソコンを含めて）、と呼び掛けている事は前述した通りだ。また、使用する時も十分に距離を取ろう。

スマホ老眼、近視

「スマホ老眼」という言葉も専門家から出されている。日本近視学会理事長で東京医科歯科大学教授の大野京子さんによると、「スマホ老眼は、スマートフォンを始めとしてパソコン・タブレット・ゲーム機などのディスプレイを長時間見続けていると、若い年齢でも「近くのものがぼやけて見える」「夕方になると近くのものが見づらい」といった老眼に似た症状が現れる状態」[23]という。この言葉にもあるが、「スマホ老眼」は老人での話ではなく、若い世代での話なのだ。

実際、高校生121人の目の状態を調べた調査結果があり（2018年発表）、これによると何と半数近く・56人もの高校生がピント調節不全になっているとのショッキングな結果だった。[24]ピント調節不全とは老眼と同じ症状だ。つまり半数近くの高校生が「老眼」の様な目を持っているという結果だったのだ。

実験もある。35歳の男性に電子書籍を60ページ読んでもらった（電子書籍と目との距離は30センチメートル程度）後に、目のピント調節機構を調べると、遠近でのピント調節がうまくいかなくなっていた。これが「ピント調節不全」の状態であり、つまり老眼と同じ症状だ。一方、同じ人に紙の文庫本の同一箇所を読んでもらった実験では（同じく距離30センチメートル程度）、この様な調節不全は生じなかった。[24]

前出・大野京子さんによると、スマホ老眼に関して、「20～30代の若い世代を中心に急激に増えていると実感しています。」との事だ。[23]

また、テレビで「近視」になるというのは、ずっと以前から言われて来た事でもあり、分かっている人が多いだろうが、近年ますます近視が増えて来ている。視力が1.0未満の幼稚園児が２割半強もおり、小学生では３割、高校生になると６割強もいるというのが調査から分かっている。[22]これは、テレビだけでなく、スマホ、電子ゲーム、パソコンなどの使用も関係しているものと想像されている。子供の視力低下を防ぐために、一般的には、読書の（電子機器で、に限らず文字を読む）際には目から30センチメートル以上離して読む、30分～1時間に一回くらい目を5～10分ほど休めようと呼びかけられているが、この注意はスマホでの電子書籍の読書や電子ゲームでは、なおさらだろう。テレビも要注意だろう。

やはり、電子メディアの画面を見る行為は、どうも紙面を見るよりも目の疲れが大きい様なのだが（この項目前出の実験結果を参照）、この原因については筆者のブログ「中村昂《なかむらこう》サイエンスＦＩＬＥ」の中の記事で、独自の説と、また独自の対策法を提案している。興味のある方はご覧頂きたい。

屋内環境、紫色光（＝バイオレット光）の不足も近視に関係か？

ところで、屋外の環境が近視の進行を抑制するという研究が以前から複数ある。その内の統計研究の一つ、台湾で子供約700人を対象とした研究では、週に11時間以上1000ルクスの明るさ（屋外相当）の環境にいる子供では、近視になりにくいという結果になっていた。[25] これは一日当りにすると1.6時間以上屋外にいる事になる。また、米国で4000人の小学生を対象とした研究では、1日2時間以上屋外で過ごす子供では、1時間未満過ごす子供より近視が約1.5〜4割少なかった。[26]

ただ、なぜこういった明るい環境（屋外環境）が近視抑制につながるのか、従来そのメカニズムは分かっていなかった。ところが2016年になって、慶応大学の研究グループが、太陽光の中に含まれる紫色光（バイオレット光）が近視進行の抑制に関わっている可能性を示す研究結果を発表した。[27] それによると、実験により、バイオレット光を浴びたヒヨコが、バイオレット光を浴びなかったヒヨコに比べて近視進行が抑制された事、また統計研究でも、バイオレット光透過率の良いコンタクトレンズ装用者の方が、バイオレット光透過率の低いコンタクトレンズ装用者よりも近視進行が抑制されている事が示唆された事、これらの事からこの研究グループはバイオレット光が近視抑制に関わっている可能性があるとの結論を出したのだ。

そして、この研究グループによると、現代の照明に使われているＬＥＤランプや蛍光灯はほとんどバイオレット光が含まれておらず、また、最近多いＵＶ（紫外線）カット効果のある窓ガラスも、屋外から入って来るバイオレット光もカットしてしまっている事がほとんどだという。この研究グループの調査によると、現代のオフィス内・車内・病院内ではバイオレット光はほとんど存在していないとの調査結果になっている。ちなみに、最近の眼鏡によくあるＵＶ（紫外線）

種類	仕様	UV(紫外線)透過率
普通の窓ガラス（紫外線カット効果をうたっていない単板ガラス）	厚さ3ミリ	74.3%
	厚さ5ミリ	64.0%
複層ガラス ※1	3ミリ＋中空層6ミリ＋3ミリ	59.8%
複層ガラス（Low-Eガラス※2使用）	3ミリ＋中空層6ミリ＋3ミリ	18.5%
・合わせガラス ※3 ・防犯合わせ複層ガラス		1%以下

※１　ペアガラスとも呼ばれる。最近の住宅には使用が多い。電車車両の窓も、最近はこれを使用している事が多い。中空層の両側（屋外側、屋内側）に計２枚のガラスがある。ガラスに映る反射像が２重に見える事で、複層ガラス（ペアガラス）である事が分かる。

※２　遮熱性能を高めたガラス。紫外線も大幅にカットする。

※３　２枚のガラスで強靭な樹脂膜を挟み込んだガラス。

カットの機能も、普通はバイオレット光もカットしてしまっている。

この研究グループは「現代社会においてはバイオレット光が欠如しており、これが近視の世界的な増大と関係している可能性がある」と結論している。

ところで、窓ガラスのＵＶカット効果がバイオレット光をもカットする事がほとんどらしいと先に書いたが、窓ガラスのＵＶカット率（ＵＶ透過率）については（バイオレット光のカット率や透過率ではない）、窓ガラスの種類別のデータが出回っているので、それを表に示してみる。ＵＶ透過率が高ければバイオレット光透過率も高いのが普通らしいので、ＵＶ透過率でもってバイオレット光の透過率を推測したいのである（表）。

このデータを見ると、昔からある普通のガラスがＵＶ（紫外線）透過率が一番高い事が分かる。このガラスがバイオレット光の透過率も一番良いという事なのだろう。

どうも新しい技術というのは、開発段階では分からなかったデメリットが、後から見えて来るという事も少なくない様に感じる。この紫外線カットガラスの例だけでなく、そういう例を筆者は何度も見聞している。新技術に不用心に飛び付くというのもちょっと考え物だな、と思う。

立体視できない、遠近感が無い

電子メディアによる映像は立体的で無い。目からの距離が同じ平面上のものである。これは写真や絵でもそうだが、ただ、電子メディアによる映像の場合、「動く」分、リアルで現実に近いはずなのだが、それでも立体的で無い。

例えば、道路上で先の方を見ているといった視点の場合、現実の世界では、道路の近方と遠方では、近くのものは「近い」と目が（脳が）感じる事が出来るし、遠方は「遠い」との感覚がある。立体視、3D映像の様な感覚だ。ところが電子メディアの映像ではその感覚がない。こういうものをずっと見続けていると、子供の遠近感覚、立体視の感覚が発達しないのではないか。但し、人工的な3D映像なら良いかというと、そうでもなく、人工的な3D映像は子供の内斜視（恒久的な寄り目）の原因になる危険性がある事は前項で述べた。

実は、筆者の子供～青年期にかけての頃も、立体視の感覚が余り発達していなかったのではないかと、今になってみれば思っている。テレビを見るのをやめて、十数年経ったある日、公園の木々を見ていると、近い木は近くに、遠い木は遠くに、「3D映像」の様に立体的に見えている事に気付いた。それまでそういう風景を見てもそういう「立体映像」の様だ、と思った事が無かったので、これはテレビをやめた事で初めて出て来た感覚（視覚）かも知れないと思っている。

最近の若い人では、車が走る道路で、前から車が来ても、ぎりぎり接近するまでよけない人が目立つ。車が「前から」でなく「後ろから」来た場合によけない人がいて、その場合は原因として音感覚の鈍化があるのではないかと、この章・第一節の最後に述べたが、前からなら見えているはずなのにそれでもぎりぎりまで避けない人がいる。しかし、これは立体視の感覚が発達していなくて、車の遠近が「直観的」に分かっていない部分があるのではないだろうか？　或は、その人の脳内のシミュレーション能力が不足しているのかも知れない。脳内のシミュレーションとは、つまりある物事を頭の中で推測・予想する事だ（いわゆる「想像力」）。この能力が未発達だと、自分と車の接近がこのまま続くとどうなるかというのが一瞬にして頭に浮かばないのだろう。

そして、このシミュレーションは、第一章で述べた「黙想」時にも（デフォルト・モード・ネットワークを使って）行われる事があると考えられつつある。黙想時に、体験した出来事を思い出して頭の中でリプレイ（つまりシミュレーション）していたり、或は先の計画を脳内でシミュレーションしていたりする訳である。つまり、この黙想（目や耳から気が散る情報が入ってこない状況でボーっとしている状態）を日常的に繰り返す事によって、脳内シミュレーション能力が高まってゆく事も考えられそうなのだが、ところが現代人は、朝起きてから夜寝るまで「ずっと活動的」

な生活をしている人はいないだろうか？　しかも情報化社会で、そういう「情報を扱う仕事」では、仕事をしながら「他の事を考えながら、つまり頭で別の事を想像しながら仕事をする」という事も出来ないはずだ（そういう、別の事を想像している状況でのその「想像」も、黙想的だったりする事があると第一章で述べた）。かくして、黙想時間がまさに不足していると、脳のシミュレーション能力は本当に発達しないのではないだろうか？　情報を扱う「仕事」と書いたが、これは「仕事」でなくても同様である。つまり情報の洪水である「テレビ」「スマホ」、こういうものに夢中になり過ぎていると、その間は、ほとんど（黙想的状態による）脳のシミュレーション能力が使われる事が無く、この能力は発達しないのかも知れない。

注

［1］ウェブ：「子供メディア」の問題に対する提言／日本小児科医会「子供とメディア」対策委員会（2004年2月6日）

［2］ウェブ：乳幼児のテレビ・ビデオ長時間視聴は危険です／日本小児科学会 子供の生活環境改善委員会（2004年4月1日）

［3］『危険！テレビが幼児をダメにする!!』 p100 - p103　岩佐京子 著　コスモトゥーワン（1998年）

［4］ウェブ：「乳幼児に話しかけること・褒めることの大切さ - 子育て支援のためのエビデンスを求めて -」山本千紗子　上武大学看護学部紀要　第5巻第1号（2009年）

[5]・ウェブ："The Association Between Smartphone Use and Breast Cancer Risk Among Taiwanese Women: A Case-Control Study",Cancer Manag Res. 2020 Oct 29;12:10799-10807. doi: 10.2147 CMAR.S267415. eCollection 2020.
・ウェブ：「スマホ依存で乳がんリスク増加　台湾の症例対照研究」（電磁波問題市民研究会会報第130号、２０２１年5月30日発行）、https://dennjiha.org/?page_id=14975
[6]ウェブ：「日本乳癌学会 乳癌診療ガイドライン２０１８年　ＢＱ10．電磁波は乳癌発症リスクを増加させるか?」
[7]『発達障害の改善と予防』p153-p154　澤口俊之 著　小学館（２０１６年）
[8]ウェブ：国立教育政策研究所「平成26年全国学力・学習状況調査」（被調査数約２００万人）
[9]青春新書INTELLIGENCE『やってはいけない脳の習慣』川島隆太、横田晋務 著　青春出版社（２０１６年）
[10]・『発達障害を予防する子供の育て方』澤口俊之、片岡直樹、金子保 著　メタモル出版（２０１２年）
・『発達障害の改善と予防』澤口俊之 著　小学館（２０１６年）
・『しゃべらない子供たち・笑わない子供たち・遊べない子供たち―テレビ、ビデオ、ゲームづけの生活をやめれば子供は変わる』片岡直樹 著（２００３年）
・『危険！テレビが幼児をダメにする!!』岩佐京子 著コスモトゥーワン（１９９８年）
など
[11]注10の2番目文献

［12］注10の1番目文献
［13］『幼児教育と脳』p186‐p188　澤口俊之 著　文春新書（1999年）
［14］・『Newton』(2020年3月号)「知能や性格は遺伝で決まるのか?」慶応大学教授(教育学)
安藤寿康氏監修
・ウェブ：AERAdot.「数学は87％、IQは66％、収入は59％が遺伝の影響！　驚きの最新研
究結果とは（2019年7月26日）」安藤寿康氏による
［15］『脳内汚染』p187　岡田尊司 著　文藝春秋（2005年）
［16］・『テレビ・ビデオが子供の心を破壊している！』p187　片岡直樹 著　メタモル出版（2001年
・『発達障害を予防する子供の育て方』p46　メタモル出版（2010年）
［17］ウェブ：文部科学省「今後の放課後等の教育支援の在り方に関するワーキンググループ最終
取りまとめ」＞参考資料編「データ集」p51（2015年3月）
［18］『発達障害を予防する子供の育て方』p30　メタモル出版（2010年）
［19］・朝日新聞2014年5月11日朝刊『地球温暖化論争』書評
・ウィキペディア「地球温暖化に対する懐疑論」（2020年2月26日閲覧）
［20］『発達障害を予防する子供の育て方』p47
［21］・『テレビを消したら赤ちゃんがしゃべった！笑った！』p71‐p72　片岡直樹 著
メタモル出版（2009年）
・『発達障害を予防する子供の育て方』p47‐p51

・『危険！テレビが幼児をダメにする!!』p41　岩佐京子 著　コスモトゥーワン（１９９８年）

［22］ウェブ：公益社団法人 日本眼科医会「デジタルデバイスの小児および若年層に与える影響」大阪大学大学院医学系研究科　感覚機能形成科　不二門 尚）（２０２０年２月20日）

［23］ウェブ：読むらじる。「知っていますか？　スマホ老眼　ＮＨＫラジオ らじる★らじる」（２０２０年７月13日放送分）

［24］ウェブ：公益社団法人 日本眼科医会「デジタル機器により生じる視機能の弊害」国際医療福祉大学保健医療学部　視機能療法学科　原 直人（２０１９年２月25日）

［25］ウェブ：「近視の常識が変わる！―ＮＨＫクローズアップ現代 全記録」（２０１９年11月７日放送分）

［26］ウェブ：「近視は失明につながる危険性も！原因や最新の治療法・予防法を解説―ＮＨＫ健康チャンネル」

［27］ウェブ：「現代社会に欠如しているバイオレット光が近視進行を抑制することを発見―近視進行抑制に紫の光―」慶應義塾大学プレスリリース（２０１６年12月26日）https://www.keio.ac.jp/ja/press-releases/files/2016/12/26/161226_2.pdf

◆第四章◆

「何もしない時間の無い生活」と「大人になれない私達」との関係は？

電子メディアは現代人にとって確かに有用なツールだし、貴重な情報源ともなっている。だから、ここで電子メディアを否定するつもりなどない。しかし、その「負」の側面についても（主に小さな子供への悪影響や青少年への影響も少し）前章までに少し述べて来た。

この章では、特に青少年が陥りがちな、電子メディアのその「使い過ぎ」の結果生じるだろう「黙想」時間の不足から、一体何が起きて来たのか、いるのかについて、主に考えてゆく事にする。初めに電子メディアの「長時間の使用」を何歳ごろまで控えた方が良いかという視点から話を説き起こしながら、その話に続けてゆく。

電子メディアの「日常的な長時間視聴・使用」を何歳頃まで控えるべきか？

テレビ・ビデオ視聴を0～2歳の間は控えましょう、と日本小児科医会が提言した事は前章で書いたが、では3歳から後はこれらを解禁しても良いのだろうか？　しかし、前述した通り（第三章）、日本小児科医会は、この年齢以降もすべてのメディア（テレビ、ビデオ、スマホ、ネット、電子ゲームなど、この本で「電子メディア」としているもの）の総合計時間を1日2時間までとしましょう、と提言している（小児科の対象とする年齢は0歳から15～20歳くらいまで）。また脳科学者の澤口俊之氏は、6歳頃までは電子ゲーム、スマホ、タブレットは避けろと述べている。前述を振り返れば、こういう所なのだが、では、こういう対応の仕方だけで十分なのだろうか？

まず、第三章でのサルの実験を思い出してみたい。生まれたサルを母親から隔離して人間の手で人工保育する実験だが、これをサルの2歳くらいまでの間に1年間ほど行なうと、そのサルは本来のサルの群れにほとんど適応できず、その状態が一生続くとあった。また、2歳以降にこの実験を子ザルに行なうと、当初は多少の障害が残るが、その内、群れに適応できるようになる。このサルの2歳は人間では「8歳頃」だという。それならば、人間でも8歳になる頃までは、やはりテレビやスマホ、電子ゲームといった、非現実の映像で不自然なコミュニケーションを含み、しかも刺激過多なものは出来る限り避けるべきではないのだろうか？　また前章で述べた様に、9～11歳くらいまでの子供は、現実と非現実の区別が十分でないという。それならば、この頃までも電子メディアはなるべく避けた方が無難なのだろうか？　これは筆者の考え方だが、これに関連した筆者自身の当時の体験談もp93に書いた。

テレビについて言えば、幼い子供にとっては本来の母親やその他の周囲の人間に取って代わるだけの力を持ちかねないものではないか？　それだけ幼い子供を引き付ける力がある様に思う。テレビは、人間本来の双方向のコミュニケーションから離れたもので、一方通行の不自然なモノである事をこれまで何度も指摘してきたが、そういうものを8歳になる頃までは（或は9～11歳頃までは）出来るだけ避けた方がサルの二の舞を踏まずに済むのではないか？　どうだろうか？

「8歳になる頃まで」？？（或は9～11歳頃まで）…？？

前項で8歳になる頃まで…？？（或は9～11歳頃まで…？？）と書いたが、もう少し話を進めてみる。前項ではサルの実験をもって「8歳になる頃まで？」としたのだが、サルの2歳を単純に人間の8歳に当てはめて良いのか、の問題、もう一つはサルの2歳になった後の実験では、「当初多少の問題が残るが、」となっていた点が気がかりだ。ただ、「その内、群れに適応出来るようになる」と続くのだが、しかし、それはサルの群れ＝「本来の環境」に戻した後、という事だ。また、「適応できるようになる」というのも、それはサルの観察結果から導いた結論と思われるが、しかしサルを外から観察しているだけで、全く問題が無いのか本当に分かるのか、サルの内面・「心の問題」までは見抜けるのか？という問題も考えられる。

ここで恐縮だが、人間である筆者自身の話をしてみる。私の小さな子供の頃はまだテレビが十分に家庭に普及していなかった時代で、家にテレビが入って来たのは5歳頃の事だったのではないかと思う。しかし当時のテレビはまだ白黒で、カラーテレビではなかった。その頃に見たテレビ番組を一つだけ覚えているが、何だか強烈な印象が頭に残った事を覚えている。しかし、その頃の事で覚えているのはその一番組を一回見た事だけなので、当時はまだテレビをしょっちゅうつけている生活では無かったのだろう。その頃で良く覚えているのは、家の前で子供達で遊んでいた事や、家の中でおもちゃで遊んだり、子供達何人か寄ってカルタやトランプなどのゲームをやっていたり、或は拙《つたな》い絵を一人でせっせと描いていたり、プラモデルを作ったり、近くの中学校のグラウンドで遊んでいたり、草むらでバッタ取りをしたり……、こういう思い出ばかりだ（家にラジオは、小さな頃からあった様だが、あの頃にラジオを聞いたという記憶は全然ないので、ラジオの影響も受けずに育っていると思う）。

しかしその後、小学校1年か2年の頃に新しい家に引っ越した頃から段々と私の生活の中でのテレビの比重が上がって来た様だった。当時やっていた「ウルトラQ」や「ウルトラマン」「マグマ大使」「ジャイアント・ロボ」、父親が見ていたのか「てなもんや三度笠」などの番組の記憶がある。ただ、私の生活の中でもっとテレビの比重が大きくなるのは、家にカラーテレビが入って来た（1968年の小学3年生の頃か？）頃からではないかと思う。

しかしながら、私の子供時代は5歳頃まではテレビ無しで育っているし、前出の「サルの2歳」に相当する「8歳頃」までも、余り（かなり？）テレビの影響を受けずに育って来たという事になるのではないかと思う。

余談になるかも知れないが、筆者が「テレビ無し」で育った5歳頃までや、その後のほぼテレビ無しだった頃の事を今振り返って思うのは、何と「良い時代」だったか！という事だ。本当にそう思う。決して、テレビが無くて面白くないという事は全然無かった。全くその逆で、その分、子供同士の遊びが濃密で、本当に楽しい子供時代だった。むしろ、テレビを見て過ごしたその後の時代よりも良かったのではないかと思う事もある。

さて、話を戻す。その内、家のテレビがカラーになってからは、「カラーの魅力」か何なのか、段々とテレビに引き付けられるようになったと思う。それは何も私だけでなく両親もそうだったのだろう。その内、「夜は家族でテレビを見て過ごす」というパターンが日常化した。そうしたパターンで、夜は大体寝るまでずっとテレビを見ている少年期を私は過ごしていた様に思う。それはそれで、面白い番組を見ていた訳だが、ただ「テレビ無し」や「ほぼテレビ無し」で過ごしていた頃の思い出と比べると、この頃の思い出には、少し（かなり？）輝きが無いと感じている（この時代をネガティブな気分で眺め、そのせいでそう思い込んでいるという訳でもないと思う）。そして高校生の頃になると、私はテレビ以外のものにも興味が行く様になって、音楽（ビートルズや1970年代のロック音楽）に惹かれる様になり、テレビを見る時間が減ってきた。しかし、テレビを見る代わりに音楽ばかり聴いていたのだから、一章で述べた様な「黙想」の時間がほとんど無いと言って良い生活を続けていたのは「テレビ時代」と同じだった。そうやって、その内、成人してしまった。

それで、その成人した頃、私自身の内面に何も問題はなかったかというと、全くその逆で、私は20歳になっても自分に自信がなく……、実を言うと、それから先、自分が結婚して父親になっている姿というのを想像できなかったし、そういう立場になる自信が全く無かったのだ。

ただ、私が成人しても自分に自信が無かった事と、テレビとの関係をここで言うには、未だ全く証拠が不足である。しかし、ここで指摘しておけば、第一章で、精神の発達に重要ではないかと述べた「黙想」の時間が、少年・青年時代の私には本当に無かったのは事実だと思う。そしてその原因の一つは、やはり長時間テレビがついていた事にあったのではないだろうかと思う（そして、もう一つの原因として私が考えるのは、自宅周囲の騒音がその頃より段々と増加してきていて、室内で静かになる時間というのが余りなくなってきていた事かも知れないが）。

そして、「黙想」時間の欠如と共にもう一つ考えられる事がある。前章で述べ先にも少し触れたサルの実験の話だ。実験では、サルの2歳＝人間の8歳に相当というこの年齢になった後で「不自然な環境」に1年ほど置いても「当初、多少の障害が出る」というのだ。つまり、人間が8歳になった後で「不自然な環境」に置かれても、「多少の障害が出る」可能性が暗示されているのだ。サルでは、その後「本来の環境」「普通の環境」に戻せば、その内、障害は見えなくなるというのだが、では、人間で「不自然な環境」にずっと身を置いたままだと、果たして「多少の障害」はどうなるのか？　残らないのだろうか？

これらの事が、成人した頃の自信の無さに関係しているのではないかと私は考えているのだが、以上の話だけでは読者への説得力が無いだろう。そこで、さらに話を進めてゆきたい。

なお、私の家はそんなに大きな家では無かったので、家の中で誰かがテレビをつけていれば、私の部屋まで音は良く聞こえて来た。平屋で、しかも和式のふすまで部屋を仕切った作りだったので、なおさらだった。だから、夜はほぼ寝るまでテレビ（音）から離れた生活はできなかった事を付け加えておきたい。

それは何も私だけの問題ではなかった！

前項で私個人の話を書いたが、しかし私の世代、こういう話は実は何も私だけのものではなかった様だ。むしろ「一般的」と言ってよい位、普通だった様で、例えば朝日新聞は、１９９０年代から２０００年代の初め頃にかけて、「大人になれない若者」といった特集・記事を新聞紙上や雑誌で何度も出していた。この内の例えば週刊アエラでは、「大人になれない30代ボーイズ」とタイトルして、当時の30代が、かつての「新人類」と呼ばれていた人達であって、30代になっても「大人になれていない」と書いている。[1] この１９９７年と言えば私も30代半ばだったので、正に私の世代の事を言っている事になる。

そして、その指摘の芽は既に１９８０年代にはあった。１９８５年の朝日新聞「'85就職ノート」という記事[2]では、「青い鳥症候群」と題して、「いつまでも夢（より良い職場など）を追い続けて離転職を繰り返す「青い鳥症候群」や「ピーターパンシンドローム」が広がっているといわれる。」と指摘している。「夢を追い続ける」というのは取り様によっては良い様にも取れるが、しかし転職を繰り返すというのは、人生で有利にならない事もある。そして、ここで指摘されている世代も、正に私の同世代なのである（当時、私も丁度大学を出て就職した時期だった）。この世代は、私同様に少年期からテレビを見始めた人間が多いはずで、つまり少年時代からテレビに毎日浸って育った世代とも言えるだろう。その世代が、学生を卒業していきなり現実社会の中に放り込ま

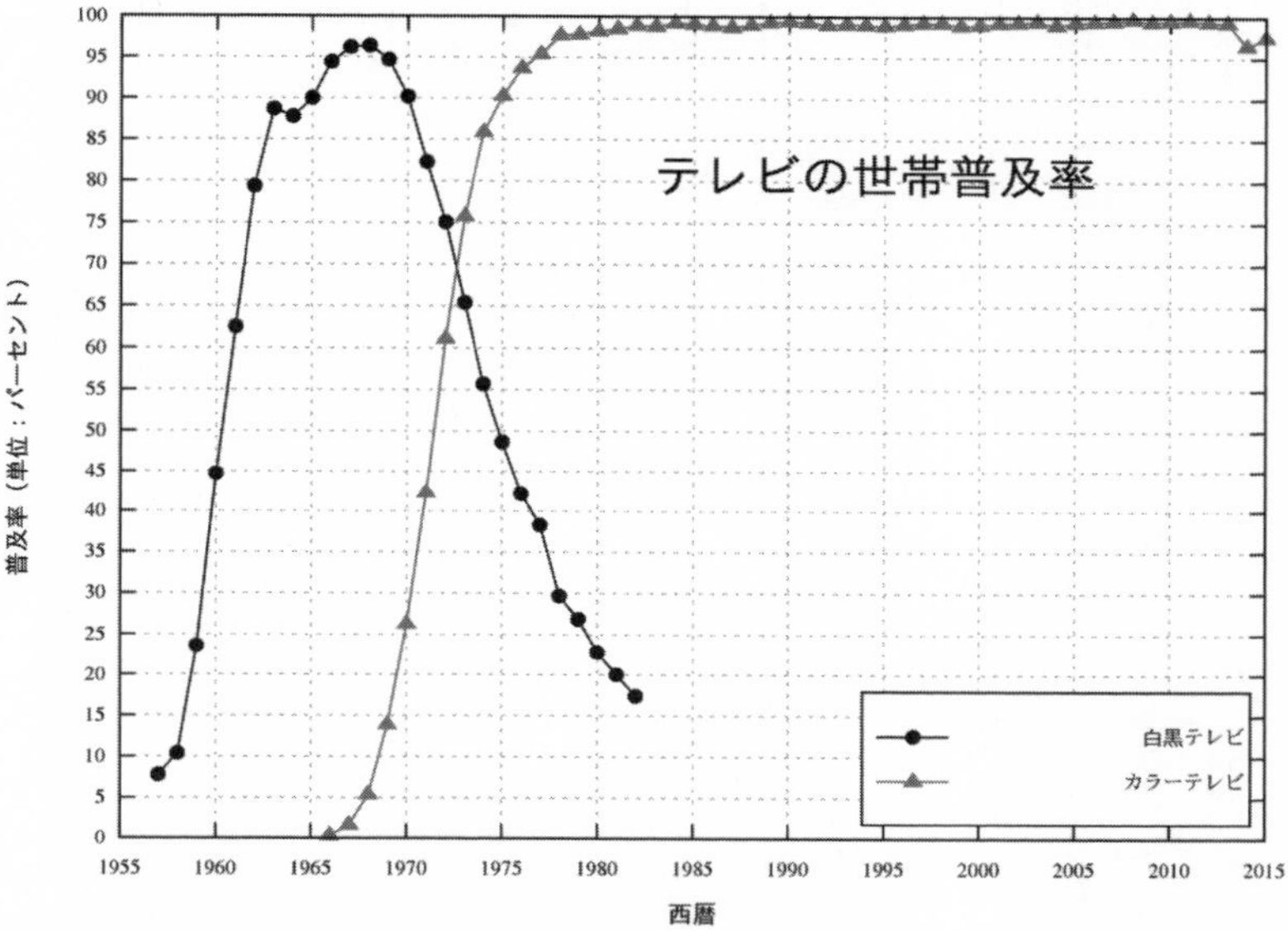

図　日本における白黒テレビとカラーテレビの世帯普及率（出典：ウィキメディア・コモンズ［Wikimedia Commons］、作者：ワーナー成増　https://commons.wikimedia.org/wiki/File:Television_penetration_rate_in_Japan_from_1957_to_2015.svg?uselang=ja）

れて、「うまく適応できずに」もっと良い職場を求めて転職を繰り返すというパターンだった様だ。

そして、前記事では、この世代はこうも指摘されている。「周囲の人の話で自分の考えがぐらつくなど、主体性がない」。筆者は前項で20歳頃の自分自身の気持ちを表して「自分に自信がなかった」と書いたが、これと同じ様な指摘だ。

確認したいが、この世代（私の同世代）は、生まれた時からテレビを見ていた人というのは少ないはずだ。そこで、日本でのテレビの普及率の経年変化のグラフを見てみる（図）。

普及の当初はまだ白黒で、私の経験からすれば、カラーテレビが普及し始める頃（１９７０年前後か１９７０年代前半）から他の家でも本格的なテレビ視聴生活（テレビ漬け）になっていった所が多いと思う。

一方、朝日新聞の「テレビ60年をたどって」という記事によると、[3] もう少し早く、１９６５年頃から家庭生活で占める比重が大きくなっていった家もあった様だ。しかし、この時代、子供がテレビばかり見ていると、大抵、親に「テレビばっかり見ていないで！」と怒られるのがお決まりのパターンだった様なので、親が子供のテレビ漬けにある程度歯止めをかけていたはずだ。この頃の親の世代はテレビ無しで育っていて、「テレビが無い」のが一種の当然として生活して来た世代なので、子供がテレビばっかり見ている事を直感的に「良くない」と感じていたのかも知れない。

しかし、その親の歯止めも段々緩んでいったのか、カラーの魅力もあってか、多くの家では１９７０年代半ば頃には、もうテレビ中心の生活になっていたのではないか。すると、私の同世代・１９６０年前後に生まれた人間というのは、やはり「少年時代から」テレビをよく見る生活となっていった場合が多いのだろうという事になる。そして、この世代は、私同様、小さな子供の時分はテレビ無しで育っている人間が多いはずなのだ。この「少年時代からテレビ生活を始めた（人間が多い）世代」が、それでも後に「新人類」と呼ばれ、30代になって「大人になれない世代」と言われる様になったのは、単なる偶然では無い気がする。

実は、「子育てに自信がないお母さん」というのも、この世代くらいから始まっている。朝日新聞の「赤ちゃんを愛せない母親　星野仁彦（ストレスクリニック）／福島」（福島県立医大付属病院神経精神科副部長　星野仁彦氏執筆）という記事によると、[4]「子育てに強いストレスを感じ、自信をなくして不安を抱いている若いお母さんは、1970年代後半から日本で増え始めました」とある。この「若いお母さん」を平均25歳くらいとして計算すれば、この「25歳の人」は1950年〜1954年生まれという事になる。白黒テレビが一般家庭に普及し出すのが1950年代後半からなので、ここでの「若いお母さん」達も、やはり、小さな頃はテレビ無しで育ち、年が上がってから家庭でテレビを見る生活になっていった人がほとんどと想像される。そういう世代が大人になって、その中から、「子育てに自信がない」という母親が出始めているのだ。

少年・青年時代にテレビなどの電子メディア漬けの生活では脳の神経回路が十分に整理されない？

ここで、次のグラフを見てみたい（図・次ページ）。

これらは、人間の脳内の「シナプス」と「ニューロン（＝神経細胞）」の密度の経年変化を表したグラフだ。「シナプス」とは、脳内の大脳皮質内には約140億個あるとも約200億個あるとも言われる神経細胞（ニューロン）のひとつひとつをつなぐ「接点」と考えれば良い。ひとつの神経細胞の両端は枝分かれしていて他の複数の神経細胞とシナプスで接続しているので、脳内のシナプスの総数は神経細胞の総数よりもずっと多い。私達の脳内は、こうしてシナプスで接続された膨大な数の神経細胞が、非常に大規模な神経回路網を作っていると考えられている。

グラフに見る様に、子供~青少年時代にシナプスの密度が変化している内は、まだ脳が安定化しておらず、脳の「成長途中」と考えられている。ただ、ここで読者が、このグラフで奇妙に思うだろう事は、シナプスの密度が5歳頃から後、逆にどんどん低くなっていっている事だろう。普通なら、大人になる程、神経回路が複雑になっていってシナプス密度も高くなってゆくはずだと考える所だろうが、実際はその逆なのだ。この現象の理由についての定説は未だないが、有力な説としては「小さな子供時代に様々な神経回路を作り、それらから、最も適当な回路が選択さ

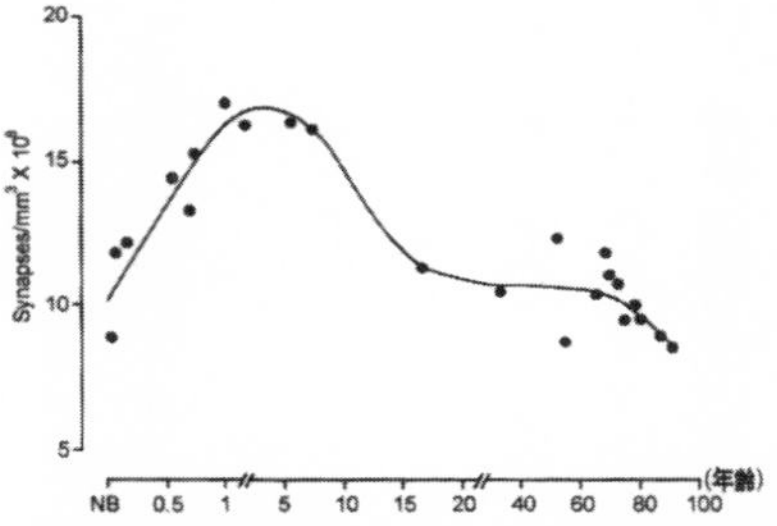

ヒト大脳皮質（前頭連合野）におけるシナプス数（密度）の年齢変化（澤口俊之『幼児教育と脳』文春新書、1999年刊、p 75より）

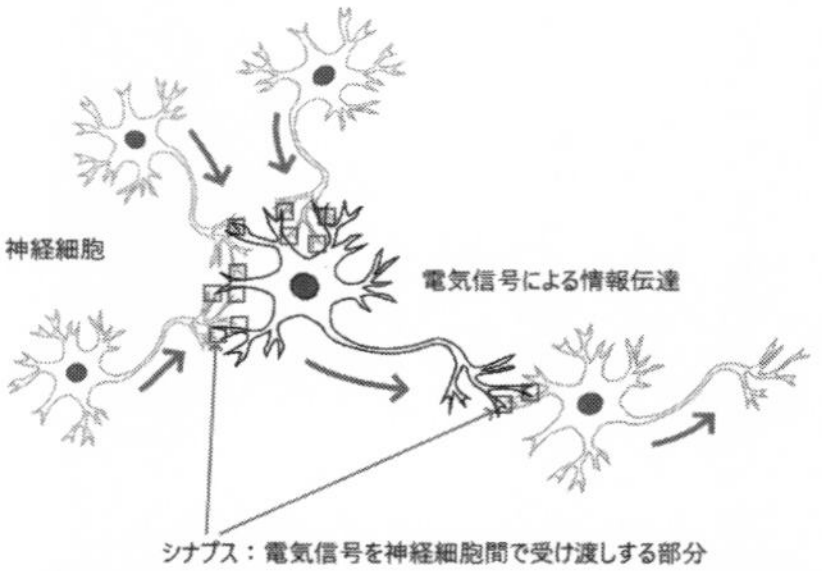

シナプスは神経細胞から神経細胞へと電気信号を伝える部分である。(Transformed the Wikimedia Commons File:Axo-axonic synapse.svg (Author:Shivansh Dave),CC BY-SA 4.0)

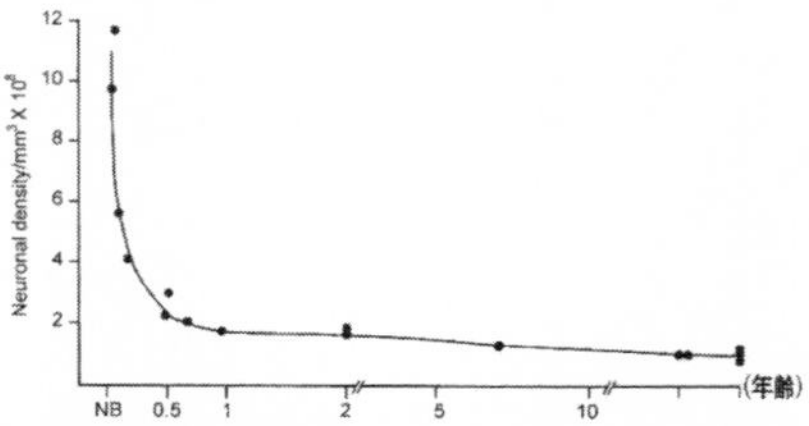

ヒト大脳皮質 (前頭連合野) におけるニューロン (= 神経細胞) 数 (密度) の年齢変化 (澤口俊之『幼児教育と脳』文春新書、1999 年刊、p73 より)

れてゆく様になり、不要な回路は削除されてゆく」のがシナプス密度の減少として表れている、という説だ。子供の時期からのこの働きで、脳内の神経回路網が整理されてゆき、必要な回路だけが残ってゆくという事らしいが、この説が正しいとすると、それが、グラフを見ると10代後半～20歳くらいまで続く事が分かる。つまり、この頃に、やっと人間の頭は一応の完成を見る、という所の様だ。

今、脳の神経回路が整理されてゆくらしい、と書いたが、これは、しかし、第一章で書いた「黙想」の時間を連想させるものではないか？「黙想」はある意味、頭の整理でもあるだろうとそこでは書いた。あれはどういう事だったのか、と頭に「自由に」考えさせて、その内、ああ、そういう事だったのか！と気付くと（或は、こういう事かも知れない、と一応の決着を頭でつける状態でも良いが）、その後はその他の「考え」つまり脳内での不要な神経回路は、削除されてゆくのではないだろうか。第一章で書いた様に、実際、黙想時のデフォルト脳活動で、不要な記憶が消されてゆくと考えている専門家もいる。もし、黙想時には、この「記憶」だけでなく、脳内にある「考え」といった情報など、他の神経回路についても同様の事だとすれば、やはり、これらの結果、「黙想」によって脳内の神経回路の内の「不要なもの」は段々と減ってゆく事になるはずだ（また神経回路同士の「つなぎ直し」も行われていると想像されている）。そして、この「不要なものの整理・削除」が実際、「シナプス」（神経細胞どうしをつなぐ接続部分）の密度低下となって現実に現れて来ているのではないのだろうか？　黙想時には、大量のエネルギーが消費されている（活動時よりも多い）と第一章で述べたが、（膨大である）脳内神経回路のいわば「整理」

には大量のエネルギーが必要と考えられるので、[5]黙想時に実際、そういう「整理」が行われていて、それが大量のエネルギー消費（のかなりの部分）という形で表れているとは考えられないだろうか。

子供時代に始まり、15～20歳頃まで続く、脳内シナプス密度の低下とは、本当に「黙想」によって頭（脳内神経回路）が整理されてゆく過程を見ている可能性があると筆者は考えたい（また「睡眠」も頭の整理に寄与しているかも知れない）。

しかし、このシナプス密度の低下――黙想（と十分な睡眠か）によって――の過程が「何らかの原因」で阻害されると、脳内はいつまでも整理されず、「自分の考え」というものが自身の内面に確立せず、いつまで経っても「大人になれない」のではないだろうか？　そして、この過程を私達の世代で最も阻害して来たものは、何だろうか？　それは、やはり「テレビなどの電子メディアの過剰使用」の要素が大きかったのではないだろうか？　何度も書く様に、テレビやスマホなどの電子メディアに、家にいる間、寝る時間以外ずっと夢中になっている様な生活をしていては、黙想の時間は生じる事がほとんど無いはずだからだ。人類が数百万年続けて来た「本来の生活パターン」の中では、この黙想の時間は、折に触れて自然にあったはずなのにだ。

そして、少年・青年期にテレビなどによってもたらされたもう一つの影響は、先に書いた様に、やはりそれが「不自然な環境」（不自然なコミュニケーション性など）である事かも知れない。サルが2歳（＝人間の8歳に相当か）になった後でも（テレビではないが）「不自然な環境」にある程度の期間置かれると「多少の障害」が出る事があって（その実験の事は前章で書いた）、その後、本来の環境に戻ってゆけば、社会に適応できる様に見えるというのだが、成長期の人間がテレビを長時間見る生活を続けていれば、それは（ある程度の）「不自然な環境」に身を置き続けている事にならないだろうか？　そして一方の、リアルな現実社会と関わる時間も減るだろう。結局、ここ数十年の現代人は、成長期におけるこうした問題が大きく影響して、成人しても、30歳になっても、大人になれない、という事ではないだろうか？

ただ、現代社会は、生きてゆく為に必要な情報量は増えていて、そういう情報を取り入れて消化するのに時間が掛かり、それで中々「大人」になれないという説を筆者は何かで読んだことがある。しかし、仮にこの説の通り、必要な情報量が増えているとしても、その必要な情報を「消化」する為に必要な時間は、既に述べた通り、情報に接している時間そのものではないかも知れないのだ。ところが、現代人にはそういう「消化」の時間が大きく不足していると考えられ、しかもその原因は、これも述べて来た通り、電子メディアの「過剰視聴」によるところが一番大きいのではないか？　これこそが「大人」になれない真の大原因だと筆者は考えたい。

山間の小学校の「奇跡」から

テレビなどの日常的な長時間視聴・使用が成長期の脳（精神）の発達（成熟）を妨げて来たのではないかという、前項までの考え方に符合している様に見える実話がある。

独特の教育法で、山間地の平凡な町立小学校の卒業生から難関国立大学合格者を輩出して有名になった小学校教論・陰山英男さんのその教育法の話だ。陰山さんは、自分の小学校でのクラスの授業中に、ボーっとしたままで授業に集中出来ない子供が3、4人はいる事に気付き、また、そういう子供の家を家庭訪問すると、大抵、昼夜問わず大音量でテレビがつけっ放しになっている事に気付いた。陰山さんは、これでは授業がテレビの影響に負けてしまう、授業に身が入らないのも当然と感じて、家庭でのテレビを見る時間を1時間以内にする様に指導した。そうすると、テレビ視聴時間が1日30分以内というほとんど見ない子もクラスに2、3割いる様になったのだが、また同時に「読み書き計算」の基礎学力をつける教育に重点を置いて指導もした。すると、これらの結果、この小学校卒業生の約2割の生徒が難関国立大学に合格するという「奇跡」を生んだのだった。陰山さんはこの経験、教育法を本にまとめ[6]、この本は当時ベストセラーになり、一躍有名にもなった。

（文中の小学校とは関係ありません）

それにしても、テレビが1日30分の子供の場合は、ほとんどテレビを見ていないにも等しいものだ。また、この小学校では電子ゲームについても友達間のソフトの貸し借り禁止にしたのだが（この頃はまだオンラインゲームが普及しておらず、ソフトを挿入するいわゆるファミコンなどが主流だった様だ）、それでも陰山さんは、子供たちについて、「慣れると見なくても平気みたいだし、**自然と大人びてくる**」と述べていた[7]。

ここで、この陰山さんの談話でこの章での話に関連して、重要と思える事は、テレビを長時間見なくなると（また電子ゲームも制限すると）、「自然と大人びてくる」という部分ではないだろうか？　つまり、テレビ・電子ゲームを長時間見ない・しない→何もしない時間、一人で何かを考えている時間が出て来る→大人びてくる、という流れが考えられる様に筆者は思う。また、現実世界と関わる時間が増えた事もプラスに働いたかも知れない。ここで述べた小学校での話・陰山さんの感想は、この章で述べて来た考え方に符合している話に思えるのだが、どうだろうか？

なお、難関国立大学合格というのは、テレビ・電子ゲーム制限と同時に、先に述べた様に、「読み書き計算」という基礎学力重視の教育をしたおかげもあるのだろうという事も付け加えておく。

医学的データは…

実は、実際に、テレビの長時間視聴が少年（未成年）の脳の発達を阻害している事を示している（可能性がある）という研究もある。それは、東北大学加齢医学研究所のグループが行ったものだ。[8] この研究では、5歳から18歳までの約230人の少年達を対象として以下の調査が行われた。まず、テレビを一日何時間見るか、といったアンケート調査、そして知能テストの実施、併せて脳のＭＲＩ画像の撮影、これらを3年の間隔を置いて、計2回行なった。

その結果、知能テストでは、テレビをよく見る少年ほど、言語性知能が低く、また2回の調査（間隔3年）を比較しても言語知能の発達が悪い、という結果になっていた。

また、脳画像を見ると、テレビを見る時間の長い少年では、脳内の前頭連合野や前頭極、感覚運動領域、視床下部周辺領域といった領域の発達が遅れていて、3年後の発達もやはり悪い事が明らかになった。具体的には、それらの少年では、それらの領域での「灰白質」という物質の量が多く、3年後にも、その灰白質の減少が少なかった。この灰白質とは、神経細胞が集まっている層で、児童期までは増加し、その後は発達と共に緩やかに減少してゆく事が知られている。そして、この灰白質の減少が少ないと、脳のその部分の発達が遅れていると考えられている。しかし、これは、前項で掲げたグラフでの、大脳皮質（これは脳の表面にある灰白質の事）の神経細胞のシナプスの密度が5歳前後までは増加して、その後は減少してゆくというデータと対応したものではないのだろうか、つまり灰白質（大脳皮質も含まれる）の減少は、（灰白質中には神経細胞が集まっているのだから）やはり、シナプスを減少つまり整理して不要な神経回路が廃されてゆく作業を反映しているのではないのだろうか。

テレビを長時間見る少年では、灰白質の減少が余り進んでいない、つまりその脳の部分の発達が遅れている事が示唆され、また知能テストの結果でも同様の事が示唆されたというこの研究結果は、灰白質内の神経回路の「整理」「削除」が進んでいない事を示している様に筆者は考えたい。そして、それは、やはりテレビの長時間視聴によって「黙想」（脳の神経回路の整理・削除も行われていると言われる）の機会が減ってしまっている事に関係しているのではないだろうか？

ともかく研究グループでは、テレビの長時間視聴が少年の脳の発達を阻害する原因になっていると推論している。

但し、この研究結果の解釈については、次の可能性も検討しておかねばならないだろう。因果関係が逆である可能性だ。つまり、少年がテレビを長時間見る事で脳の発達が悪くなるのではなく、脳の発達が悪い少年ほど、テレビを長時間見る、という事である可能性だ。そういう可能性も考えておかねばならないが、しかし、テレビなどを見る時間が過剰に長くなると、先に述べた様に「黙想」の機会が減少する事が予想できるし、それだけでなく、テレビを見るという行為には、自分の頭で考えて、計画を立てて、行動に移す、という自発的行為が含まれていない。テレビなどから絶え間なく流れて来る映像・音声の情報に、頭が、その場、その場で「対応」しているだけである（また、他の少年や周りの大人との関係・社会性も発達しない）。こういう、課題の遂行、計画作り、意思、判断、社会性、といった機能は、脳領域の一つ・前頭連合野が担っていると考えられている。また、先に述べた「黙想」状態で働く脳領域にも前頭連合野が含まれていると考えられている（詳しくはこの2つ後の項目）。つまり、やはりテレビなどの長時間視聴を続けていると、こういった脳活動の機会が減って、これらが行われる前頭連合野の領域の発達が遅れる事が予想できるのではないか。そして実際、テレビを長時間見ている少年では、前頭連合野領域の発達の遅れが画像で確認できる。という事は、やはり、テレビ視聴で前頭連合野などが余り使われない→脳のそういう領域の発達が遅れる→ＭＲＩ画像でそういう領域の発達が遅れている事が明らかになる、とこういう、研究グループの推論に沿った流れが想像できるのではないだろうか？

では、成人以降ではどうか？

では、成人した以降（正確には頭が「成人」した以降）なら、テレビやネット動画などの日常的な「長時間視聴」は何も問題はないのだろうか？　ただし、そういう状況では、前項で述べた様な脳の「積極的活動」の機会が減るだろう。また、「黙想」についても、これは成人にとっても必要なものとも脳科学では考えられて来ている。筆者自身の体験からしても、電子メディアの「過剰な使用・視聴」は、そういう黙想（ボーっとして物思いにふけっている状態）の機会を圧迫しどんどん減らしてゆくものに他ならないと感じている。そういう状況では、一方で大量の情報が脳に入って来る事になりながら、他方、そういう情報を処理する時間、つまり黙想の機会などで、深く考え、また整理してゆく時間がどんどん減ってしまっている訳だ。これはやはり脳にとって良い状態とは言い難いはずだ。

また、繰り返しになるが、テレビを見るという行為は、受け身の行為であって、次々と移り変わる画面や音の情報をただその場その場で受け止めているだけである。もし、それらの情報に対して何らかの疑問があっても、その場で聞く事も出来ないし、反論する事もできない。また自分で立ち止まって考えるという余裕も視聴者に与えてくれない（その点、一時停止機能のついたネット動画の方がまだマシだ）。

夜のテレビやネット動画では、一番組が終わっても、さあ次はどれを見るか？という様な調子で、夜寝るまで視聴を続けている人も少なくないはずだ。そういう、電子メディアの「快楽」に浸って精神・神経が多少ともなり興奮している状態を、筆者は実際の「宴会」になぞらえて「宴会効果」と呼びたいが、人間は、どうも本来リラックスして休息する時でも、そこにそういう興奮要素が入って来ると、そちらの方に引かれてゆくらしい。夜のテレビや動画は、正にその興奮要素だろう。しかし、そういう生活を続けていると、その場では深く考えてはいないし、その後、電子メディアのスイッチを切ってすぐバタンキューと寝てしまったのでは、昼間に経験した事が想起される時間もない、メディアで見た情報も頭の中で思考・整理する時間がない、という事になってゆく。また、夜更かしで睡眠が不足すれば、この事でも「記憶」に悪影響を及ぼしそうだ(第一章参照)。

これは極端すぎる言い方だとは思うが、アメリカやイギリスでは、テレビに批判的な意味を込めてテレビの事を、idiot box(バカの箱)、idiot's lantern(バカの照明)、boob tube(間抜けの(ブラウン管)テレビ)などと呼ぶ人もあったらしい[9]。

テレビや動画の画面や音声が刺激過多になりがちな事も前述したが、こういうものの「過剰使用」は、段々と脳に(依存症のメカニズムである)「耐性」が形成されてゆき、やがて「依存症」になってゆくかも知れないとも筆者は書いた。既に、現代のテレビ視聴者の内のかなりの人がテレビや動画の依存症なのかも知れないが。

ただ、(脳が)「成人」した後でのテレビなどの視聴を、成人前のそれに比べてみると、成人前は脳の成長期であり、その時期のテレビなどの日常的な「過剰な視聴」は害が大きいと思うが、それに比べると、成人後はまだマシの様にも思う。電子メディアは貴重な情報源でもある。しかし黙想時間の減少など、今まで書いた事を考えると、やはり成人後のテレビなどの視聴・使用も、過剰な長時間使用には問題があるのではないか。

成人後のテレビ視聴の（特に精神への）影響に関する統計的調査、科学的調査というのが、一つ見つかったので以下に紹介しておく。[10] イギリスで50歳以上の3662人に対して、テレビ視聴が脳の認知機能に与える影響を調べたものだ。この研究では、テレビの視聴時間と、様々な認知機能の6年間の変化との相関を調べたのだが、その結果、一日3.5時間以上テレビを見る人では、覚えた単語を思い出すテストの成績が6年後に低下していた。これは、テレビ視聴時間が長い人ほど成績低下の度合いが大きくなっていた（筆者注：いわゆる「ワーキングメモリー（短期的記憶）」能力の低下か？）。但し、情報処理能力の低下とテレビ視聴時間の長短との相関は見られなかったという。

ここで大事な事を述べておくが、**特に筆者の様に、子供～少年・青年時代にテレビを「見過ぎた」、また最近ではそれ以外の電子メディアにも浸りすぎたという人は、成人後でも、「電子メディア制限」を一度はやってみたら良いと思う。というのは、私も、子供時代からテレビを見始めて20代半ばまで電子メディア漬けという生活だったが、30代半ばからテレビや他の電子メディアも遠ざける生活を始め、そうなると「黙想」の時間はたっぷりと出て来た訳だが、その中で、本当に「自分の精神が成長する事が出来た」と感じているのだ。だから、例え成人後であっても、それまでにテレビなどの電子メディアに浸りすぎた人は、一度距離を置く事を是非やってみたら良**

いと思う。

なお、付け加えておくと、筆者はそうした一時期の「電子メディア制限」を経て、頭がある程度整理できて来たのか、最近は（特にかなり過去の事については）色々と思いを巡らす事も少なくなって来ているので、その結果なのか、夜間などは何もせずボーっとしている時間が少し減って来ていて、退屈な時はネット（動画を含む）を見たりもしている。

脳内の「前頭連合野」（＝前頭前野、前頭葉）がキーワードかも知れない！

今まで、テレビなどの電子映像機器を日常的に長時間見過ぎる・使用し過ぎる事で、脳の一部に発達の遅れや悪影響が出る可能性を述べて来た（前章までの話も含む）。一方、黙想によって活発になる脳領域もあると書いた（第一章）。ここで、これらの事を、脳領域での活動を視点にして少し考えてみる。

まず、２つ前の項目で紹介した研究によると、テレビの長時間視聴で、少年の脳の、どの領域に発達の遅れが出るかというと、それは、前頭連合野や前頭極、感覚運動領域、視床下部周辺領域だと指摘されていた。

前頭極は前頭連合野の一部なので、この研究グループの指摘は、前頭連合野でも特に前頭極の発達に遅れが出るという意味なのだろう。前頭極は、脳の一番前部にある領域で、この領域の働きは良く分かっていないが、複雑な思考に関係し、将来の推測や計画、また過去の意思決定に対する評価（内省）などがこの部位で行われているとも言われている。この作業は、筆者によると、正に「黙想」時に（も？）行われる作業ではないかと思う。

感覚運動領域は、運動能力に関わる部分であり、この領域の発達がテレビの長時間視聴によって遅れているというのは、テレビを見ている間は体が動かないので運動不足になり、それで発達が遅れる、という説明が合理的ではないか。

視床下部周辺領域というのは、研究グループは攻撃性に関わる部位だと述べており、視床下部の役割の一つとしてそういう、怒り、不安などの情動行動の調節があるので、ここでの視床下部の「周辺領域」には視床下部そのものも含んでいるらしい。視床下部のその他の役割としては、自律神経の中枢としての役割、また、内分泌（ホルモン）系の中枢の役割がある。視床下部の上に位置する視床は、全身の感覚、視覚、聴覚などを認識し、大脳皮質や大脳基底核に伝達する役割を持っている。

ところで、テレビなどの映像電子機器の使用と人間の攻撃性との関連を調べた研究は数千もの件数があって、そのほとんどで両者の関連を認めたものになっている。一方、その他の結論を導いた僅かな数の研究の内の半数以上は、メディア産業の資金提供を受けて行われた研究だという[11]。テレビなどで何故、人間の攻撃性が高まるのか、そのメカニズムは中々分かり難いが、その一部分が、先に書いた「テレビの見過ぎで視床下部の発達が遅れる」なのかも知れない。そして、ひょっとするとこれにはこういうメカニズムも働いているかも知れないと筆者は考える。テレビやパソコンなどを見ている時には、機器から漏洩している電磁波を多少なりとも浴びている（液晶テレビでも漏洩電磁波は50㎝～1ｍ位までは測定されそうだが、昔のブラウン管式テレビはもう少し電磁波が強かったかも知れない）。実は、脳が電磁波を浴びると、脳内の松果体という器官（先の視床下部付近にある）から分泌されているセロトニンというホルモンの分泌量が減ると指摘されている。このセロトニンの分泌量が減ると人間の攻撃性が高まるとも言われる。つまり、機器からの電磁波でセロトニン減少→攻撃性の高まり、というメカニズムが考えられる様にも思う。但し、確証のある話ではない。

さて、この研究グループでは、テレビと同様に、電子ゲームによって発達の遅れが出る脳の領域についても明らかにしているので、ここでそれを列記しておけば、前頭連合野（これはテレビでの場合と同じ領域だ）、大脳基底核、側頭皮質といった領域である。

大脳基底核は、運動調節、認知機能、感情、動機付け、学習など、様々な機能を担っているとされる。側頭皮質（側頭葉）は、言語、記憶、聴覚に関わる領域である。

ところで、筆者はこれまで、テレビなどの電子メディアが人間本来の「黙想」を阻害していると述べた。ここで、黙想している時に、脳のどの領域が活発に働くか、この分野の研究が未だ新しく未知の部分もありそうだが、現在までに分かっている脳の領域を挙げてみると、前頭連合野内側部（内側前頭前野）、頭頂葉の一部（楔《けつ》前部、下頭頂葉）、帯状回、側頭葉外側部などだと指摘されている。これらの内、最も脳全体に占める割合が大きい領域は、前頭連合野の内側部の様だ。

達が遅れる、という可能性が考えられるはずだ。

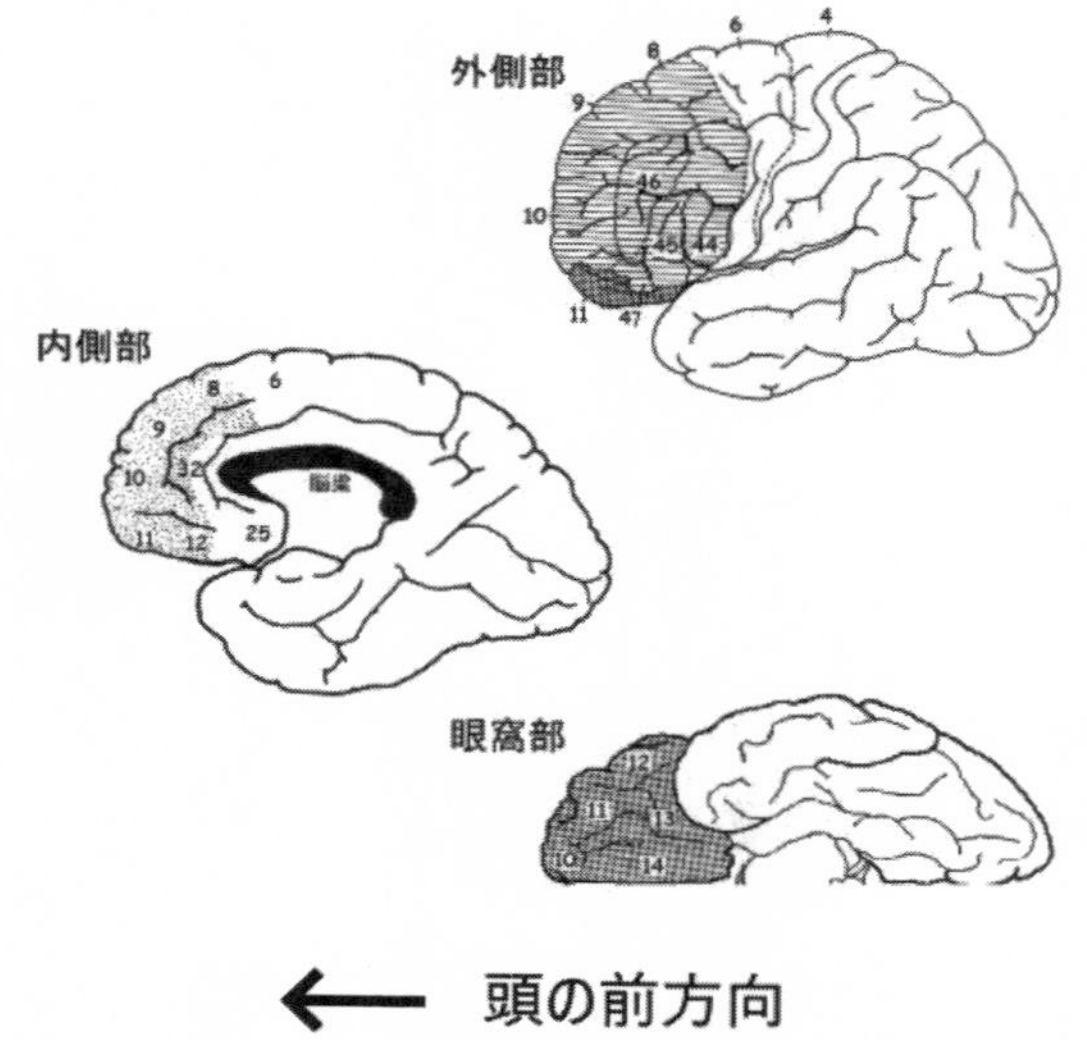

図：ヒト大脳の前頭連合野（色のついている部分）順に前頭連合野の外側部（外側から見える面）、（同）内側部（大脳を左右に二分して現れる面）と（同）眼窩部（下から見える面）（ウェブ：ファイル：前頭前野図 new 1.png 脳科学辞典 に加筆）

前頭連合野は、哺乳類の中でも人間で最も大きく発達した脳の領域であり、「ヒトをヒトたらしめ、思想や創造性などを担う脳の最高中枢」だと言われている。[12] もう少し詳しく言えば、前頭連合野は、計画、推論、判断、社会的行動やワーキングメモリー（何かの作業をするときに必要な短期的記憶）など、人間の「人格」に関わる重要な脳領域だ。また、この脳領域は、人間の脳の中では最も時間をかけて成熟してゆく事が知られている。

前頭連合野は、この様に人間にとって非常に重要な脳領域なのだが、「黙想」によってこの脳領域の特に内側部が活発になる事が分かって来ている。という事は、逆に言えば「黙想」の時間が余り無いと、この「人間にとって非常に重要な」前頭連合野の発人間は、もちろん「黙想」以外の時間を多く持っていて、本来、活動的な時間に多くを費やしている。こういう時には、脳レベルで言えばワーキングメモリー（作業記憶）が使われる事が多いはずだが、ワーキングメモリー機能は、前頭連合野の外側部（黙想で活発になるのは前頭連合野の主に内側部）が主に担っているらしい。また、前頭連合野の内側部も、能動的活動をしている時でも相手の心理を推測する様な場面で活発に働く事があるという[13]。

しかし、テレビ視聴などの「受動的な活動」では、前頭連合野は余り働いていないのではないかという指摘もあり[14]、それは、2つ前の項目で紹介した研究・テレビを長時間見る少年で脳の前頭連合野などの発達の遅れが見られる事や、また前項で示した、50歳以上の人間でテレビ視聴時間の長さと認知機能との関係を調べた研究でも、テレビ視聴時間の長い人ほど前頭連合野のワーキングメモリー機能が6年間の間に低下していたらしいという結果と符合している様に思える。つまり、テレビなどの「受動的活動」に時間を費やしすぎると、前頭連合野の外側部分もまた発達が遅れる事も考えられるはずだ。

どうも、やはり、テレビなどの視聴習慣というのは、人間が長い時間をかけて徐々に発達させてゆくべき前頭連合野をあまり使わない行為の様にも見える。つまり、テレビなどを見る時間が「長過ぎる」と、内的思考、推測能力に重要ではないかと考えられる「黙想」の時間も減るし、また、前頭連合野（の主に外側部）の発達を促す「能動的活動」の時間も減り、これらの事によって、前頭連合野の発達が遅れてゆく、という事ではないだろうか。

（この項目での他の参考文献：[15]）

電子ゲームなどと前頭連合野の発達の遅れ

ここで、電子ゲームについて触れておけば、電子ゲームを日常的に長時間行なう事で「生活に支障が出ている状態」をもって、現在の医学界では「ゲーム依存症」（ゲーム障害）と認めている。日本でもこれを専門に治療する医療機関がある。この電子ゲームでも、前述した様に、長時間では脳の前頭連合野などの発達の遅れが出るという調査結果がある（「ゲーム依存」については、第三章「電子ゲームではどうか?」や同章「スマホ電磁波の害も…」、第二章を参照）。また、電子ゲーム使用中の脳のＭＲＩやＰＥＴの画像を観察すると、前頭連合野は余り働いていないという研究結果が出ている。[16] 電子ゲームでは、「考える」よりも、反射的な反応ばかりが求められる場合が多く、こういう状況では「ヒトの最高中枢」という前頭連合野は余り使われないという事ではないか。ただ、こういった「反射的反応」が悪いという訳では無く、生きてゆく上でそれが必要な場合も少なくないが、電子ゲームでは、「面白すぎて」なのか、長時間そういう脳の「反射的反応」の部位ばかりが使われて脳の発達のバランスが取れなくなってゆくというのが問題点の一つではないだろうか。

また、電子ゲームを長時間やった後、疲れてバタンキューと寝てしまうような生活をしていては、当然、前頭連合野が働く時間は無いだろう。

この様にして、電子ゲームに依存し過ぎる生活でも、テレビ依存の生活同様、人間にとって重要な前頭連合野などの脳機能はあまり使われず、その発達が遅れる事が考えられる。質問によるアンケート形式の大規模調査でも、やはり電子ゲーム（や電子ゲーム＋ネット）の時間が長い少年程、前頭連合野（前頭葉）の機能が低い事を示唆する様な結果になっている[17]。

一方、スマホについても、この機器はテレビと電子ゲームの中間的な機器と言ってよいのか、画面操作は電子ゲーム的だし、動画を見ていれば、テレビと同じである。スマホを夜遅くまで触る生活を続けていれば、やはり「前頭連合野」などへの悪影響が考えられる。この様な所から、「スマホ依存」も、人間の脳にとって一番大事な「最高中枢」である前頭連合野などの発達を遅らせる可能性がありそうだ。

また、スマホについては、何度か述べている様に、発信電波＝「電磁波」の脳や体への悪影響、こちらの方の懸念も非常にある。これについては、第三章「スマホ電磁波の害も……」と第六章「スマホについて」の項目参照されたし。

ところで、以前の事になるが、脳科学者の澤口俊之氏が、電車内で平気で化粧をする女性の事を取り上げて、彼女たちの行動は「脳の発達不全」が原因だという説を出して話題になった（但し、澤口氏はその時点で、発達不全の原因としてテレビなどの電子メディアの事は述べていなかった）。また、皆さんもご存じかと思うが、電車内で恥ずかしがる事も無く、周りを気にもせず、食べ物を食べる人もいる。特急電車などにある対面式でない座席ならともかく、通勤型電車で向かいにずらりと人が座っている状況でだ。これらは、やはり「羞恥心の不足・欠如」というべき現象でないのだろうか？

近年、（一部の人間に）脳の発達不全が起きているのではないかという話は今までも書いて来たが、ここで考えてみても、「羞恥心」というのは、相手・周囲の人間がいて、またその時、羞恥心を起こさせるような状況があって、初めて起きるものである。テレビなどの電子機器ばかり相手にしていては、こういう心理はいつまで経っても誘起される事が無いはずだ。端的に言えば、テレビの画面の中で見知らぬ人がこっちを見ていても、その前で食べ物を食べようが、化粧をしようが、もっと言えば、裸になろうが、恥ずかしいという気持ちが湧かないのだ。「恥ずかしい」という体験をする事が無い。近年の人間の、「羞恥心」の未発達とも思える現象は、人対人で過ごす時間が減ってしまって、代わりにその時間をテレビなどの電子映像機器が占めているという、こういう状況に関係している可能性がある様にも思う。また、テレビ漬けで育った世代がお母さんやお父さんになって、子供との接し方が上手にできず、子供との関係が変わって来ている、という要素も関係しているかも知れない。この話は次章で改めて書く。

因みに、近年におけるいわゆる「性道徳」の乱れなども、こういった所と関係している部分があるのかも知れないと筆者は思っている。或は羞恥心の発達不全とともに、「シミュレーション能力」（想像力）の発達不全も関係しているかも知れない。このシミュレーション能力は前述で「黙想」によって発達するのではないかとして来たものだ。

電子メディアとADHD（注意欠陥・多動性障害）との関連は？

最後に、前章で書き残した発達障害として、ADHD（注意欠陥・多動性障害）の話をしておく。

このADHDは、原因がよく分かっていない発達障害の一つで、年齢や発達に不相応に、「不注意」「落ち着きの無さ」「衝動性」などの問題があり、生活に支障をきたしている状態の事をいう。現代の子供の約5%、成人の約2.5%がADHDと診断されている。日本では、通常学級の小中学生の3.1%がADHDとの報告がある。クラスに1～2人そういう子供がいるという事になる。

ADHDの原因はよく分かっていない、と書いたが、いくつかの説があり、脳の発達に偏りが生じている為とも言われている。実際、ADHDの子供では脳内の右前頭連合野や大脳基底核、小脳虫部が縮小しているのが観察されているという[18]。

これら、前頭連合野そして大脳基底核とは、前述の通り、東北大の研究グループによって、テレビや電子ゲームの長時間使用で発達の遅れが明らかにされた脳領域でもある。

また、日本での大規模調査によると（被調査数・中学生3555人）、電子ゲームをやる時間が長い子供ほど、多動傾向が強くなるという調査結果が導かれている[19]。同調査では、自閉的傾向についても、電子ゲームやネット使用の時間の長い子供ほど、その傾向が強いという統計処理結果が導かれている[20]。

そして、ADHDの治療としては、いくつかの方法が行われているが、その一つとして、子供の環境を整えるという方法がある。そして、その中には、家庭での「環境刺激を出来るだけ少なくする」「注意をそらすものを周りに置かない」というものがある。家庭内で子供にとっての「環境刺激」「注意をそらすもの」と言えば、その最たるものがテレビ（の画面と音声）や、その他、スマホ、電子ゲームなどだろう。治療法として、はっきりと、テレビを消そう、と述べられていないのは、ひょっとしてテレビ業界への配慮なのかも知れない。

ただ意外にも、テレビの音では気が散らない、と思っている人がいるかも知れない。しかしそれは脳に「耐性」が出来ているのかも知れないし（第一章参照）、普通は気が散るものだろう。それは以前に行われた騒音に関する一研究結果からも分かる。その研究では、静かな環境と、音楽を聞かせたり或は石ころをゴロゴロと転がした音を聞かせた環境とで、単純な計算問題を解かせてみた。すると、静かな環境より、音楽或は石ころの音を聞かせた環境で問題を解いたグループの方が計算スピードが遅く、この事から気が散っている事が推測されたのである。[21] この研究一つとってみても、テレビ音声でも「気が散っている」事は間違いないだろう。

ADHDの治療法の一つとして、ワーキングメモリー（何かの作業をする際に必要な短期的記憶）の強化という方法もあるが、脳科学者の澤口俊之氏は、ADHDに限らず発達障害一般でこの方法は有効であるとしている。[22] 同氏は、ADHDでも、この方法で「確実に改善する」としているが、[23] ワーキングメモリー能力は、4つ前の項目で紹介した成人のテレビ視聴に対する影響調査では、テレビの長時間視聴者ほど経年的低下が大きい能力だった。どうも、テレビを長く見れば見る程、ワーキングメモリー能力が低下する可能性が示唆されている訳だが、一方、発達障害の改善方法として、ワーキングメモリー強化法があるのだ。ここにも、テレビ（やスマホ、電子ゲームなどの電子映像機器）の過剰使用と発達障害や脳機能への悪影響との関係が見えている様な気がする。

なお、発達障害として、今まで述べたＡＤＨＤや自閉症（第三章）の他に、ＬＤ（学習障害）というのも近年良くみられる。この原因についてもまだ不明だが、この障害も「中枢神経系に何らかの障害があると推定」されている。原因不明にしろ、このＬＤ（学習障害）も、前述同様、脳の機能に……という所が気になる所だ。

注

［1］『週刊アエラ』（１９９7年9月29日号）

［2］朝日新聞（朝刊）（8月20日）

［3］朝日新聞（夕刊）（２０１3年4月15日〜4月18日）

［4］朝日新聞（朝刊）（２０００年年8月30日　福島２面）

［5］筆者もそう考えるが、他に、岩波科学ライブラリー『学ぶ脳』p99　虫明 元著（２０１8年）でも同様の想像がされている。

［6］『本当の学力をつける本』陰山 英男 著　文藝春秋（２００2年3月）

［7］「ＴＶが子供の脳を壊す」週刊アエラ（２００2年7月15日）

［8］青春新書INTELLIGENCE『やってはいけない脳の習慣』p77-p81
（Takeuchi,H.,et al.,2013）
［9］『テレビは日本人を「バカ」にしたか？』p156-p160　北村充史 著　平凡社新書（２００７年）
［10］『Ｎｅｗｔｏｎ』（２０１９年６月号）　ニュートンプレスSCIENCE SENSORより。原典：
Scientific Reports 2019.2.28
［11］『脳内汚染』p59 岡田尊司 著　文芸春秋（２００５年）
［12］ウェブ：「脳科学辞典」より
［13］岡田尊司『脳内汚染からの脱出』p189
［14］『脳内汚染』p223　著者の岡田氏（精神科医・医学博士）の言及。
［15］ウェブ：渡邉正孝「前頭連合野のしくみとはたらき」（高次脳機能研究36（１）：１～８、
２０１６）
［16］『脳内汚染』p223
［17］『脳内汚染』p214-p217
［18］ウィキペディア「注意欠陥・多動性障害」（２０２０年３月13日閲覧）
［19］『脳内汚染』p158-p162、３５５５人の中学生から回答を得た２００５年の調査を元に著者の岡田
氏が統計処理したもの
［20］『脳内汚染』p162-166
［21］『騒音と騒音防止 新版第３版』p50　守田 栄 著

［22］『発達障害の改善と予防』p81-p87　小学館
［23］『発達障害を予防する子供の育て方』p66　メタモル出版

◆第五章◆

歪みはここにも出ている！
――子育てに悩むお母さん、など

この章では、第四章で述べた「大人になれない」現象に由来していると考えられる問題について取り上げたい。

子育てに悩むお母さん達

子育てに悩むお母さん達の話は、マスコミでよく話題になるので、どういう事か承知しておられる方も多いと思う。若い女性では、子育ては悩むものだ、と悩むのが当たり前みたいに思っている人もいる事には驚く。しかし、昔のお母さんはどうだったのだろうか？　数十年前には、そういう子育てで悩むお母さんの話というは、少なくとも筆者は聞いた事が無かったが…。子供が生まれると「子宝《こだから》を授《さず》かった」と言って非常に有難がったというイメージしか当時に関しては思い出さないのだが、これは単なる筆者の偏見か？　しかし、前章で紹介した様に、子育てに悩む母親というのは、「1970年代後半から日本で増え始めました」という精神科医の指摘もある。[1]

２０００年ごろの統計調査が３つあり、その１つに依ると、子育てを「楽しい」と思う母親が９割、生きがいと思う母親が7割いる一方、「親に適していないと感じることがある」と回答も4～5割、「負担を感じたり、イライラしたりすることが多い」が約5割いた（国立教育政策研究所による調査[2]、回答者約１万３００人）。別の調査では、「育児がつらい」という母親が77%、「子供がかわいいと思えない事がある」が88%となっている。そして、この調査では、「どうしても子供を愛せない」「子供の顔を見るのもいや」という母親も約10%いた（恵泉女学園大学の大日向雅美教授による調査[1]、２８６５人対象）。もう一つの調査では、「自分が子供を虐待しているのではないか」と思う母親が18%おり、その内容は「感情的な言葉」「たたく」などが多かった（日本小児保健協会による調査[3]、１歳から7歳未満の６８７５人の幼児を持つ母親対象）。

最近の調査[4]では（２０１８年と２０１９年の調査か）、「ママをやめたい」と思った事があるという母親が約7割で、そう思った事が無いという母親の約3割を大きく上回っている。

筆者は、街に出ていて若い母子を見る機会が多いが、その時、子供に対して「精神的虐待」と感じるような言葉を投げつけている母親を見る事も少なくない。以前はこんな事は無かったと思うのだが。無かったと思い込んでいるだけではないと思う。

なぜこんな事になっているのか。核家族化が進み、近所付き合いも希薄、しかも父親の帰宅も遅く、結局、母親１人が１日中小さな子供と向き合わなければならなくなっていて、これが母親にストレスになっているという事も既に指摘されている。

しかし、それだけの事だろうか？　福島県立医大付属病院神経精神科副部長（当時）の星野仁彦氏はこう述べている。「最近の母親に多くなっている育児困難は、単に母親への育児支援だけで解消される単純なものではありません。子どもを愛せない母親の背景には、**母親自身の育児観やパーソナリティーの未熟さがあり**、また母親をサポートするべき父親との夫婦関係の問題もあります[1]」。

ここで指摘されているのは、「母親のパーソナリティーの未熟さ」が問題の大きな原因になっているのではないか、という事だ。何故パーソナリティー（人格）が未熟で「大人になれない」のか、読者は筆者が前章で述べた話を思い出して頂きたい。

なお、この指摘の中で、その後に述べられている夫婦関係の問題とはどういう事だろうか。父親の帰宅が遅くて母親一人で子供の面倒を見なくてはいけないという事か、また、夫婦関係がいつまでも恋人同士の様で、むしろ子供は邪魔と感じる夫婦がいるのか、或は、父親も母親同様に「パーソナリティーの未熟さ」、要するに「大人になり切れていない」事が問題なのかも知れない。

それにしても、２００１年の朝日新聞記事[5]では、「かわいいけど分からない」という見出しをつけた記事があったが（「分からない」というのは、子供への接し方が分からない母親の事を言っている）、この記事の写真に写っている幼児の目は、「ひんがら目」（寄り目、内斜視）になっていた。テレビ・ビデオ・電子ゲームの見過ぎ、やり過ぎだろう（第三章参照）。家庭環境が想像されて来るのだが、こういう環境では、子育てに自信がないのも当然ではないか。人間本来の環境での子育て（また、自身もそういう環境で暮らそう、育とう）、という話をこれまで何度も繰り返したが、正に、また同じことを言いたくなる、象徴的な写真・記事なのだ。

『脳内汚染』（2005年刊）の著者で精神科医・医学博士の岡田尊司氏は、この著作の中で、少年の精神発達についてこう述べる。「最近の中学生や、ときには十代後半の若者においても、9～11歳の発達段階にさえ達しておらず、6～8歳の段階の方に近いというケースが多々見られるのである。（中略）こうした傾向が残ったまま、体や知的能力だけが発達し、（中略）これらの傾向は、10代後半の若者にとどまらず、20代、ときには30代、40代の人にも見られるのである」[6]。ここで述べられている40代というのは、計算すれば、正に「最初のテレビ世代」に当たる事が分かる。そして同氏は、6～8歳の子供の特徴として次の点を挙げている[6]。

1．現実と空想の区別が十分でなく、結果の予測能力が乏しい。
2．相手の立場、気持ちを考え、思いやる共感能力が未発達である。
3．自分を客観的に振り返る自己反省が働きにくい。
4．正義と悪という単純な二分法にとらわれやすく、悪は滅ぼすべしという復讐や報復を正当化し、その方向に突っ走りやすい。
5．善悪の観念は、心の中に確固と確立されたものではなく、周囲の雰囲気やその場の状況に左右される。

こうした傾向は本来、年齢が上がるにつれて解消されてゆくのだが、この傾向を残したまま、年齢だけが上がってゆく少年・青年・大人が目立つというのだ。

しかし、これら指摘されている5点をよく見てみたい。1の「結果の予測」というのは「黙想」でも行われる、鍛えられるものではないか。2も正に黙想によって分かって来るものだろう。3

も正に黙想の時間で行われている思考だ。4、5についても、複雑な思考回路が段々と脳内に形成されてゆき（これも黙想にもよってかも知れない）、それが黙想を経て整理されてゆく中で、確立してゆくものに思える。

また、こういう面はないだろうか？ テレビなどの電子メディアは、それに接している間はずっと「受け身」である。視聴者は与えられる「楽しさ」や「刺激」を楽しめば、それで満足してしまう。する事といえば、その楽しさや刺激を与えてくれるテレビ番組やネットでいえばサイトを探す事だけである。こういう受け身の態度が続くと、「楽しい」を受け取る事が当然の様な感覚になってしまわないだろうか？ そして、そういう状態の中で、例えば小さな子供がわがままを言ったり、泣いて駄々をこねたりすると、反射的に怒りの気持ちが湧いてしまう事にはならないだろうか？ どうか？

さて、岡田氏の同著では、こうも述べられている。「映像メディアによる副作用として、ある意味、もっとも注意すべきは、長期間にわたる連日長時間に及ぶ使用によって生じる慢性的な影響である。ゲームへの嗜癖（筆者注：「電子ゲーム依存」の事）が長期間続いている青年に接して感じることは、**彼らが非常に幼い心の発達段階にとどまっていて、**ささいなことでも思い通りにならなかったり、耳の痛いことを言われるとイライラしやすいこと、また、興味の幅が非常に狭くなっていること、そして、もう一つは、無気力で現実的な困難に向かっていこうという気力を失っていることである。[7]」。この著作は電子ゲームに焦点を当てたものなので、ここでの話も電子ゲーム中心で述べられているが、この引用冒頭には「映像メディア」ともあり、他の電子メディアでも同様に考えられる事だろう。そして、ささいな事でイライラする、というのは今の若いお母さんの一部にも当てはまりそうに思う（具体例は後述）。

また、同著では、乳幼児期の子供によく見られる特徴として、メラニー・クラインの説を取り上げて、こう述べている。「対象は自分の一部の様に感じられていて、思い通りになることを当然と考えている。自分の欲求がうまく満たされないことは、相手のせいにされ、怒りと攻撃へと向かう。つまり、自分の問題を相手に転嫁し、相手の非を責めることになる[8]」。こういう心理が、乳児期を過ぎて少年期あるいは青年期まで残っている人間が増えていると同著は指摘しているのだが、この心理は、乳幼児を相手にしなければならない最近の若いお母さんの一部にさえ見られるのではないだろうか？（これも具体例を後で示す）つまり、引用での「対象」の語を「自分の子供」と置き換えれば、話が通じるのではないか、という事だ。

そして、そういった「心の未発達」が、母親に残っていて、様々な問題を引き起こしているのではないかという事なのだが、ここで、２例ほど母子の実例を挙げて、少し分析してみる。実例を挙げて分析する事で、今まで書いた事がより理解しやすくなると思うからだ。

例えば、公園に来た若い母子連れの話。公園まで来た途端に幼い子が「帰る～」と言った。それを聞いた母親が途端に怒り出した。「どうして？」「公園で遊ぶって言ったでしょ？」「何で……」プンプン怒っている。でも、本当はこれ、怒る場面ではないはずだ。このお母さんは幼児の心理、もっと言えば人間の心理が分かっていない。自分だって「あそこに行こう」と思って行ったけれど、そこに着いた途端に「やっぱり帰ろう」などと心変わりした事があるのではないか。

或は周りの人間のそういう言動を見聞した事もあるのではないか。ましてや相手は小さな子供である。にもかかわらず、子供がそういう心理だという事に思い至っていないのではないだろうか。或は思い至っていたとしても、その気持ちを許容する気になれなかったという所か。

そして、この時の母親の心理を先のメラニー・クラインの説に沿って分析してみると、お母さんは、自分の「子供を公園に連れて行って遊ばせる」という目的を、子供によって妨害させられた、つまり「自分の欲求」が子供に妨害された、子供が自分の思い通りにならなかった、それで怒っている、という所だろう。何と、まあ…、という所で、お母さんには悪いが、こういう分析をしてしまうと、このお母さんの心理は、相手の事を何も考えていないし、これでは、つまらない事で駄々をこねる幼児とあまり変わらないのではないかとさえ思えてしまうのだ。

さて、お母さんがなぜ子供の事を十分に思いやる事が出来ず、許そうという気にもなれなかったという事だが、それはお母さんは、この時の体験と類似した、自分或は周囲の人間の体験・見聞が、頭の中で整理されてすぐ引き出せる状態になっていなかったのではないか。つまり、そういう体験・見聞に対する「思い出し」が過去にあれば、その「思い出し時」に、「ああ、ああいう事もあったわね……（私って、或は、誰某って）馬鹿ね……」くらいの所で頭に収められる結

果になっていたのではないだろうか。それは、自分のその時の行動に対する評価や、他人の行動だったすれば、その時の相手の気持ちを想像したりして、適当な所で収まりをつけて「整理されて」頭に収められるという所だろう。この「思い出し」が「黙想」状態で行われている事は改めて説明しなくても分かると思うが、「気持ちの整理」「頭の整理」も同じく黙想状態で行われているると今までに指摘されているし、これも改めて指摘しなくても良いだろう。そして、そういう「思い出し」「頭の整理」つまり黙想が過去にあれば、似た体験をした時に、その場でその「整理分」の「記憶」をすぐに引き出す事が出来たのではないか。そして、その「記憶」内での「気持ち」にも、すぐ無意識に照らす事が出来て、我が子のそういう言動に対して許す気持ちも出て、「ああ、せっかく来たのに、この子は心変わりしちゃったのね……」「しょうがないわね～」位で済んだのではないか。むしろ、その時の子供の心理を思って「かわいいわね」くらいの気持ちが湧いてもおかしくない場面だと筆者は思う。逆に怒る気持ちが湧くだけでは正にストレスだろう。

この例一つとっても、それがお母さんにストレスとなる様では、一事が万事で、子育てでストレスがたまるのも当然、むしろ最近の若いお母さんが可哀想になって来る。

もう一つ例を挙げる。やはり公園での若い母子の話だ。

公園に来た子供が、うれしいのか、パーッと走り出した。その時の母親の言葉が「なんで走るの?」だった。笑いながら言っていたが、これも筆者には少々違和感を覚える言葉だった。何故なら、子供は走るものだろう、子供というのはそういうものだろう、と思ったからだ。この時の母親の心理も、前出のメラニー・クラインの指摘にあった様に、相手(子供)が自分とは違う存在であるという事を十分感じられておらず、自分の一部（或は自分と同じ様な存在）としか思えていない、に近似できそうに思う。これは先に述べた様に、本来は乳幼児期の子供の心理の特徴として指摘されているものだが、最近の若者にも見られるというのだ。この例でのお母さんも、子供を自分と同じ様な存在としてしか感じていなければ、「なんで走るの？」の言葉が出て来てもおかしくないだろう。逆に、お母さんが、子供は自分とは違う存在、子供とはこういうものだ、というのが感覚として分かっていれば、「なんで走るの？」の言葉は出なかったと思うし、むしろ、「大人はこういう時、走ったりしないのに、公園に着いて、うれしくて走るのね、まあ、可愛らしいわね」位の気持ちが湧いてもおかしくない場面だったと思う。

そして、この、「子供が、こういうものだ」という脳内のイメージ形成にも、やはり「黙想」が関係してそうだ。黙想時の脳活動である「デフォルト脳活動」においては、頭は様々な事を思い巡らしているが、その中では、先にも述べた様に、自分や他者の言動の心理などを整理・分析していたりする事がある。こういう事の積み重ねで、自分はどういう存在で、また他者はどういう存在なのか、段々とイメージが出来てゆくのではないだろうか。そして、そのイメージが形成されてゆけば、「現場」でも、相手の言動が理解出来、うまく相手に対応できる様になってゆくのではないか、という事なのだが、どうだろうか。

若いお母さんの例は以上にしておくが、こういった近年の若いお母さんの例は、他にまだまだありそうだ。

働き過ぎの仕事現場

近年、働き過ぎであるとか、過労死であるとか、何かと労働環境の過酷さについて話題になる事が多い。筆者はこれについて、それは日本の経済体制が自由競争主義を採用していて、その自由競争が行き過ぎているからだろう、そして、その体制の後押しをしているのは、恐らくアメリカ（米国）であって、アメリカの存在が根本にあって日本人の働きすぎが生まれているのだろう、と以前はそれ位に思っていた。

しかし、それだけではないのかも知れないと、最近思うようになった。会社間の競争に無縁のはずの国の官僚たちの間でも、この「働き過ぎ」が生まれているらしいのだ。以下はその官僚たちによる話だ。

国会対応などで午前3時、4時に帰宅するのが当たり前の時期に、4人の同僚が「うつ」の診断で休職……明日は我が身か、と思う。ランチに行く暇もない忙しさ、過労で脳卒中を起こした若手がいる。[9] この様な現実があるらしい。

民間企業と違い、公務員（官僚）は自由競争社会ではない。以前は「親方日の丸」などと揶揄され、雇い主は国家なので、無理せずとも給料をもらえて食べていける、倒産もしない、というのが一般的イメージだったと思う。どうも最近は、少なくとも国家官僚に関しては、少々違うらしい。

しかし、何故こういう事になっているのだろうか？　一人の官僚の言葉を引用してみる。[9]「（筆者補足：これ以上働くのは）本当はもう自分では無理だと思っていました。でも、先輩や同期も残業１２０時間、１４０時間と働いている人もいるなかで、自分だけが働かないという選択肢はありませんでした」

確かに新人であれば、中々自分を主張できず、周りに合わせるしか仕様がないという面もあるだろう。では、その先輩たちはどうなのか？　そこまで忙しく働き詰めて、平気なのだろうか？その事に対して少しは疑問を持たないのだろうか？

少し以前、大阪府知事をやっていたある若手政治家が、夜間にも職員に向けて仕事のメールを送っているというのが、朝日新聞に取り上げられて話題になっていた。どうも、この人にとっては、夜間（夕食後）も、休息の時間では無いという感覚なのかも知れない。この人も含めて、国家官僚といったエリート達も、学生時代は夜間にテレビばかり見て過ごしたという人は余りいないだろうが、しかし、テレビの代わりに夜寝るまでずっと勉強を続けていた人が多いのではないだろうか？（家でやっていたのかも知れないし、夜間に進学塾に通って勉強漬けの生活を送っていたのかも知れないが）。

そういう感覚が、仕事現場に就いても、受け継がれているのではないのだろうか？　朝起きてから、夜寝るまではずっと覚醒状態で休息の時間がない、というのが、この人たちにとって子供の頃からの「当たり前」の感覚になっているのではないか。人間これでは、その内無理が来るのも当然、というのは、少しエリートたちに酷か。しかし、第一章で述べた様に、何もしていない時に生じる頭の黙想（＝デフォルト脳活動）の大切さは、近年、脳科学で注目されて来ている話題であるし、これが無い・不足しているためと思われる害・歪みはこの本で今まで色々と述べてきたはずだ。時間の過ごし方が「テレビ」や「スマホ」であれ、「勉強」であれ、いずれにしろ一日の中で「何もしない時間」が全く無いというのは、やはり問題があるのだろうと筆者は思う。

また、近年の労働環境の厳しさの原因として、次の事もあるかも知れない。前述したが、「他者の立場を考え、気持ちを想像する」のは、どういう時だったか？　そして、また、それは、その想像の前にその相手との関わりがあっての事でもある。しかし（答えを少し書くが）、人との関わりが希薄になり、しかも、「(頭に思い浮かぶもののままに頭を任せる）何もしない時間」も不足した生活を送っていると、相手の立場・気持ちを考える感覚が余り育たないだろう。そして、その様な「他者の気持ちを考える」事の余り無い人間が仕事上の上司に就いたりすると、或は部下は道具の様に使われて大変になるかも知れない。この様な事も、現在の労働環境の過酷さを生む原因の一つになっているのかも知れないとも思う。

注

［1］朝日新聞（2000年8月30日 朝刊・福島2面）「赤ちゃんを愛せない母親　星野仁彦（ストレスクリニック）／福島」福島県立医大付属病院神経精神科副部長　星野仁彦氏執筆
［2］朝日新聞（2001年10月25日）
［3］朝日新聞（2001年5月30日）
［4］NHK NEWS WEB「News Up 笑顔でも… 〝ママをやめたい人が7割〟の衝撃―NHKニュース」（2020年2月27日公開）400人対象の（株）インディゴ・フィルムズによる調査（2019年？）と200人対象の（株）コズレによる調査（2018年）の平均値。
［5］朝日新聞（2021年1月3日）　家庭面「遊んでる？ 2」
［6］『脳内汚染』p187-p188
［7］『脳内汚染』p118
［8］『脳内汚染』p188-p189
［9］NHK NEWS WEB「WEB特集 心身病む官僚たち―NHKニュース」より（2020年3月3日閲覧）

◆第六章◆
テレビ・スマホを消した後に見えてくるもの

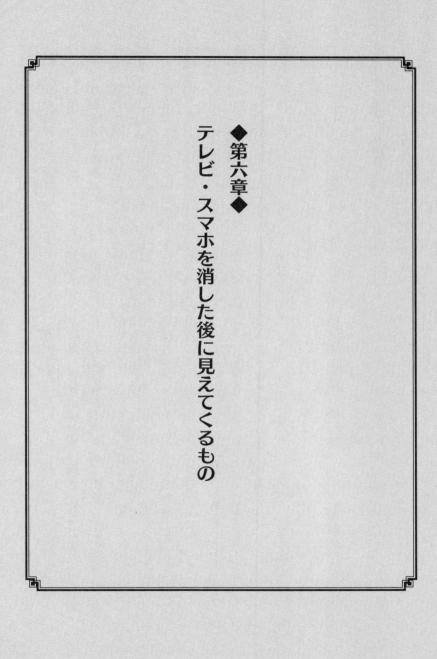

これまで「黙想」の大切さを説き、また、その機会を奪いがちな電子メディアの存在と、その存在の人間の精神への影響について書いて来た。電子メディアについては、具体的には悪影響ばかりを書いてきた訳だが、しかし、**電子メディアには、そういった悪い面ばかりでなく、良い面も確かにあるはずである。**欲しい情報を簡単に手に入れる事ができるし、知識の宝庫とも言えるものだ。電子メディアの「娯楽」にしろ、それ自体が悪いという訳ではなく、第一章冒頭で書いた様に、「笑い」や「楽しい事」によって脳が活発に働く事が知られている。むしろ、頭が良くなる可能性も考えられるのだが、そこで、現代人は電子メディアによって頭が良くなっているという説を言う人もいる[1]（筆者はこの説の結論の当否はともかくとして、この結論に持っていくまでの過程に対しては批判的である。章末の注[1]の所でその批判内容を書いている）。しかし、ともかく前述した様に、現代社会、現代人を見ていると、電子メディアへの関わりが度を越していて、色々と悪影響が出てきている部分があるのではないかという事なのだ。

デジタルデトックス（電子メディアからある程度の距離を置く事）という選択肢

さて、前章までの話を読んで、実際に電子メディアの悪影響を感じた人、出ていると思った人は、電子メディアからある程度の距離を置く事を一度やってみたらどうだろうか。この行為を「デジタル・デトックス」と呼ぶ人もいて、少々流行語にもなっている（「デトックス」は「解毒」の意味)。具体的には、「電子メディアに接する時間を減らす」だが、或は、自分で中々依存から脱出できず長時間使用を止められないという「重症」の人は、一度、思い切って電子メディア使用を一切やめてみるのも手かも知れない。実際、依存性が非常に強い事で知られる「タバコ」では、「減らす」だけでは依存から脱出できない事が多く、普通「一切やめる」方法が病院の禁煙外来治療では行われている。

ただ、電子メディアでは、皆が「重症」かどうか分からないので、「時間を減らす」だけで「依存」から脱出できるなら、それで良いと思う。また電子メディアは「仕事で必要」な人もいるだろうから、そういう人は、プライベートでの「デジタル・デトックス」という事になるだろう。

そのデジタルデトックスの具体的な方法だが、特に広く認知されている方法がある訳ではないので、その気になった人が自分なりの方法で「電子メディアに接する時間を減らす」事に取り組めばよいと思う。そこで、大事なのは「なぜデジタルデトックスをするのか」という理由・動機付けだろう。これが大きいほど、電子メディア依存(過度の依存)から抜け出しやすいはずだからだ。

これまで述べた様に、電子メディアに時間を取られて、人間本来の「デフォルト脳活動」(この本で「黙想」としたもの。「瞑想」ではない)が不足し、その結果、様々な歪みが出てきているのではないかという事は、これまでの章で色々と述べてきた。逆に、「デフォルト脳活動」の時間が増えれば、また電子メディアの「不自然なコミュニケーション性」などの影響も軽減できれば、それは心の自然な発達を促す事になるだろうと述べてきた。これらの事を念頭に、デジタルデトックスを始めれば、それはそれでかなりの動機付けになる（やる気が出る）のではないだろうか。

この辺りが、前述して来た中での動機付けになる部分を簡単に要約したものになっていると思うが、これ以外の「動機付け」についても、まだいくつか考えていて、それは、この章の中で後で書いてゆく事にする。

さて、ここで次に述べておきたいのは、いつまでデジタルデトックスを続ければよいのか、という事だ。これについても統一的見解が無いのだが、そこで筆者の個人的見解を述べれば、「デフォルト脳活動」（＝黙想）が生活の中で自然と出て来る状態、こういう状態になる事を目指せば良いと思う。そして、その内、何か体を動かそうという気持ちも生まれれば、これも良い兆候だろう。電子メディアに接している間は、どの電子メディアでも、極度の運動不足状態なので、この状態を脱しようという気持ちが生まれるだけでも良い事だろう。

さらに言えば、仮に電子メディアが無いと想像しても、それでやっていけそうに思え、必要な情報探索やどうしても必要な他人との連絡以外は、電子メディアは無くても大丈夫、というくらいの、そういう気持ちになれれば、これはもうかなりの境地だ。

この境地にまでもってゆくべきなのか、現代社会を考えるとちょっと分からない部分もあるが、それでも、その前の段階まででも良いから、デジタルデトックスは、やった方が良いと思う。その段階であっても、「やって良かった」という気分にその内なって来るものと信じている。

「依存」を乗り越えて……

「たばこ依存症」の人が禁煙を始めても、最初は「禁断症状」（離脱症状）が出る。余談になるが、タバコは非常に依存性が強いものなので、一度、禁煙を始めても、１本だけなら……と吸ってしまうと、「味」を思い出して、また依存症に逆戻りする事がある。

しかし、デジタルデトックスを始めるに当って、まず最初に障壁となりそうなのは、第二章で述べた様に、テレビもスマホも電子ゲームも皆「依存性」を持っているものらしい事だろう。中々簡単には依存から脱出できない人もいる事が想像できる。「依存症」の人がその依存対象を断つと禁断症状（離脱症状）として、イライラ、不安感、怒りっぽくなる、などの症状が出てくると言われている。また、一般に依存症では「否認」の心理というのが知られており、これは、自らが依存症である事を認めなかったり、ある程度は認めても、適当な言い訳を考えてそれで納得してしまい、依存から抜け出そうとしない心理だ。依存症の人によく見られると言われる[2]。

こんな事で、例え電子メディアの害の側面を感じたとしても、その時間を減らすのは中々大変な人もいそうだ。テレビの禁断症状について言えば、特に子供よりも大人の方が強く出て、子供はテレビ無しでもそのうち慣れて来るという話もある。第二章で紹介した広島市が２００５年に行なったTVなし生活の実験結果では、そうだったという。

自分で「依存」に打ち勝って、デジタルデトックスを進めてゆく自信のない人には、病院で、ネット依存、電子ゲーム依存の外来診療をしている所もあり、最近は増えている様だ。ただ、精神科での診療になるので、抵抗のある人もいるだろう。また、この診療は、テレビについては「看板」に掲げられていない（行けば診てくれるかも知れないが）。

ともかく、病院にまで行くほどでもない……、と思う人が多いだろうから、そういう人は、やはり自分なりに「デジタルデトックス」という事になるだろう。

そこで、まず、SNSからの脱出についてのアドバイスをここで少し述べておけば、「人間には1人になる時間も必要だ」という事を念頭に置けばどうだろうか。SNSで「いつも人とつながっている」のではなく、第一章で述べた通り、「情報・刺激をシャットアウトした上で一人で何か思いめぐらせている時間」は、是非とも必要なのではないかと思う。この事を念頭に置けば、意外とSNSの呪縛から逃れられるのかも知れない。

テレビ、ネットや電子ゲームについても、やはり「情報・刺激をシャットアウトした上で1人で何か思いめぐらせている時間」が不足しない様にしたいし、また、前に述べた様に（第三章）、脳の片寄った発達を防ぐためにも、長時間にならない様にしたい。

他にも、前章までに、電子メディアを「制限してみよう！」という思いを持てる様な話は色々と書いているのでそれらも参考にして頂きたいが、以下にもそういう思いをより持てる様な話を色々と書いてみようと思う（テレビについては、二つ後の項目以下、書いてゆく）。

スマホについて

スマホについては、インターネットを通じ、単にどうでもよい情報ばかりでなく生活に必要な情報も少なくない。しかし何度か触れた様に、スマホの場合、まず「電磁波」の心配をすべきである。スマホの長時間使用による精神的影響の方ももちろん心配だが、まず電磁波の方だ。第三章でも少し述べたので、そこも参照して頂きたいが、「電磁波」とは、ここでは主に発信電波（高周波電磁波）の事で（また体に密着している場合には機器からの漏洩電磁波（超低周波電磁波）も問題になる）、最近、スマホ電磁波と乳がんの関連を示唆する大規模な統計学的研究（疫学研究）も発表されている（第三章）。

また最近は、「スマホ認知症」といって、スマホの長時間・長期間使用で、物忘れがひどくなる（例えば会社の部下の名前が何故か思い出せない、など）、性格の変化（短気で怒りっぽくなる、など）、意欲の低下、何かに感動する心が無くなる、といった症状がみられるという話がある。これはＮＨＫなどいくつものマスコミで取り上げられた話題だ。ウェブでも見る事ができる。[3]

また、スマホを長時間使っている子供たちの脳画像を撮影して調べた研究では、脳の広範囲に発達の遅れが目立つ事が分かっている。この調査結果について東北大学の川島隆太教授は、「初めてこんなに広範な領域に悪影響が出ているものに出会いました。子どもたちの記憶の能力自体にマイナスの影響が出ていると予測されます。[3]」と述べている。スマホの使用によるこういった影響について、しかしマスコミで良く取り上げられる見方では、電磁波の事は言及されておらず、「スマホ認知症」についても、脳に入って来る情報が過多になって、頭の中で整理される時間がないために「一時的に」そういう「物忘れ」などの症状が出ているのだ、との見方が大半である。しかし、「情報過多」は、別にスマホの普及に始まった話ではないだろう。テレビ世代から既に存在していたはずだ。しかし、テレビを見過ぎる事で「テレビ認知症」になったなどという話は聞いた事が無い（テレビばかり見ていると馬鹿になるという批判はあるが、病的な認知症が生じるという話は聞いた事が無い）。だから、情報過多によって「スマホ認知症」が生じているという論理は誤りだと筆者は考えている。一方、電磁波によってアルツハイマー型認知症が発症するかどうかは、欧米で以前から議論が続いている話題で、この可能性があるという意見があり、前記のＮＨＫウェブサイトでも、前記の症状が一時的なものか、それともアルツハイマー型認知症の初期症状なのか検証すべきだとする学者の意見も紹介されている。電磁波の悪影響を避けるためには、スマホでのネット閲覧は携帯電波を使ってやるよりＷｉ-Ｆｉでやる方が、被曝電波量は少なくて済むと考えられるが（Ｗｉ-Ｆｉの電波は携帯電波ほど強くないからだ）、しかし、それでも、そこそこの電波（＝電磁波）は浴びてしまう。そこで、スマホのさらなる電磁波対策としては「スマホの有線接続」という手もある（詳しくはネットで調べられたし）。或は、ネット閲覧はパソコンでやる様にしたいが（最近は新品のパソコンでも4～5万円位からある）、但しパソコンでも、スマホほどではないが、ある程度の漏洩電磁波がある。だから長時間の使用はなるべく避けたいし、また電磁波低減策を施した上で使った方が良い。そのパソコンからの漏洩電磁波低減策については、いくつかの方法が考えられるが、筆者のブログ「中村昂（なかむら こう）サイエンスＦＩＬＥ」内でも記事を書いているので、良ければ参照して欲しい。

また、パソコン使用では目の疲れも大きく、ひどくなると目の障害（飛蚊症など）が起きる可能性もあると筆者は考えているが、その対策についても同ブログの別記事で書いている。その対策は、他にない筆者独自の方法なのだが、興味のある人はご覧頂きたい。

家庭が変わってしまった？

テレビやネット動画については、「毎日長時間見るのが当たり前」の人にとって、テレビ、ネット動画を長時間見ない生活はちょっと考えづらいかも知れない。「スマホ依存」の人にとってもスマホのない生活は考えづらいかも知れない。しかし、数十年前に、テレビという機械が家庭に入って来て、家庭環境が大きく変わったという事に思いを巡らせて頂きたい。夜の過ごし方がテレビによって変わってしまった。あっという間に、毎夜が「宴会」（の見物）、「ショー見物」の世界になったのだ。

私はテレビを十年以上やめていたと前に書いたが、その最初の頃は親と同居だったので、親も見なくなった訳だが、すると（不思議な事に、という程の事も無いが）、しばらくして、家族（親）の事を気に掛ける事が多くなって来た。それまで、頭がテレビの方にばかり向かっていたのが、それがなくなって、自然と家族の方に頭が向く様になったのだろう。これは親も同じだったのではないかと思う。それで、テレビのあった頃よりも、家族間のつながり、とでも言うのか、そういうものが強くなった様に思う。母親や父親が昔の話をするのを聞くという貴重な機会を持てたのも、テレビを「やめた」おかげかも知れない。

これと同じような話が隣の韓国での「テレビ無し実験」の報告でもあった。韓国の離島の村民に対して、同国の教育テレビの企画として、２００8年に「3週間のテレビ無し」の実験が行われた[4]。すると、その実験後、やはり家族に目が向く様になったという声が出た。里長の人が話すには「テレビに向けていた視線を妻に向ける様になってから、改めて妻の美しさに気付いた。夜にはお互いの顔にパックをし合ったりしてるんだ…普段の生活がより楽しくなった」のだという。また、家族の対話の機会が増えたという例が多く、この実験に参加した成人26人に対するアンケートによると、実験前には「家族間の対話がほとんどない」と答えた人が8人いたが、実験終了10日後の調査ではゼロになった。対話が生活化したという回答も4人から10人に増えた。

さらに、実験参加者の大半が新聞、読書などの時間が増え、「精神的に豊かになった」と感じている事も分かった。元々、文章を読むのが苦手だった人でも読書に乗り気になった人がいたという。

今まで述べて来た様に、電子メディア（テレビやネットなど）は毎晩、ショー、バラエティーといった「娯楽」を次から次へと見せてくれる。またネット動画では、それが刺激的なドキュメンタリーだったりもするが、家庭はそういったものを見せてくれるショー劇場と化し、同居の家族は単にそのショー劇場にいる他の観客の1人になってしまった。「ショー」を単純に否定するつもりは無いのだが、それも度を過ぎてしまうと、家族間のつながりもそうだが、これまで繰り返し書いた「1人で何もせずボーっとして思い巡らせている時間」も当然圧迫されてくるはずなのだ（その時間が人間の精神活動にとって重要だという事はここまで読まれた人にはもうお分かりだろう）。

話は少し脱線するが、ましてや自分の住む町の環境についてなど、ほとんど思い巡らす時間も無いのではないだろうか。こう「住む町の環境」と書いたのは、日本が先進国と言いながら、特に大都市圏では住環境が本当に諸外国に比べて相当貧弱な場所があるからだ（ウェブの「Google Earth Pro」で見るだけで分かるはずだ）。日本の大都市圏では子供が安心して遊べる屋外の場所すら、ままならない事がある。これではテレビを消しても家の中ばかりで遊ぶ事になってしまう。日本はまだ世界では豊かな国の一つと考えられているが、それでまた海外旅行に行く金と暇があるというのなら、その金を自分の住む町の環境改善につぎ込んだらどうか、と思う事が筆者にはある。自分の住んでいる町、足元の事を放ったらかして、海外の美しい街並みばかり見ていてもしょうがないのではないか？と思うのである。

逆に、「デフォルト脳活動」＝「一人でボーッと何かを考えている時間」が増えれば、自然と身の回りの環境について深く考える人も出てくるだろうし、また、社会のリアルな仕組というか裏側というか、そういうものにも関心が行く人も出て来るだろう。筆者はそうだった。

テレビやネット動画ばかり見ていると…

第三章の冒頭でもこの話をしたが、もう少し書いておく。

テレビやネット動画は、絶え間なく音声を発し続ける傾向大で（しかもその音声は本来の家庭の雰囲気であろうリラックスしたものからほど遠いものである場合も多く）、画面は次から次へと変化してゆく。つまり、視聴者は、そういった音声・画面の変化に追いつくのに精いっぱいで、その情報の内容を「その場で」じっくり考える時間を与えられない。これは一方的メディアの宿命とでも言うべきものだが、端的に言えば、視聴者は流れて出て来る情報に、その場その場で瞬間的に反応しているだけの場合がある。

文字メディアの方が、そういう意味において、自分のペースで読める利点がある。また紙媒体の文字メディア、つまり本などなら、電子画面より目の疲れも少ない。文字メディアなら、書いてある事が良く分からなければ、そこで立ち止まって読み返す事も出来るし、また文字から目を離して考える事も出来る。その点、文字メディアは深く考える事のできるメディアだろう。別の言い方をすれば、テレビにあれだけ「娯楽」が多いのは、「じっくり考える」のに余り適さないメディアだからではないか？　例えそういう話をしても「ゆっくり考えられないので」視聴者の受けも悪い、「娯楽」なら視聴者が余り考えなくても済む、受けが良い、視聴率も取れる、とこういう考えで、娯楽メディア化して来たのではないだろうか？（最近のネット動画では一時停止ボタンが付いているので、この点は改善されつつある）。但し、ここで文字メディアの方が優れていると言っている訳ではない。文字メディアでは、生身の人間同士の会話では存在する声のトーン・ニュアンス、表情、しぐさなど、言語以外のすべてのコミュニケーション要素が欠落しているし、また、映像メディアでは、色々な状況を視覚的に見る事ができるなど、映像メディアの方が優れた面ももちろんある。

ただ、文字メディアは、そういう欠落した部分を「想像力」を働かせて読んでいたりするので、それはそれで人の話を生身で聞いているのと似て、想像力を働かせる良い機会となっているとも考えられる。

さて、さらに、余計な話かも知れないが、テレビの娯楽性について言えば、テレビは放送の草創期の頃から「低俗番組」が多過ぎるとの批判がなされていた。例えば評論家の大宅壮一氏は、当時こう言っていた。（1957年頃の発言）「近ごろのマスコミのあり方は社会の底辺だけを狙う。聴取率ばかりを重んじるわけです。……一番最底辺をねらっているからますます愚劣になる。僕のいう白痴番組が非常に多くなる。つまりマスコミの白痴化ということになる。テレビができてからますます白痴がひどくなってきた。」「テレビにいたっては、（中略）白痴番組が毎日ずらりとならんでいる。ラジオ、テレビというもっとも進歩したマス・コミ機関によって、〝一億白痴化〟運動が展開されているといってもよい。」[5]

また、小説家の松本清張氏は、やはり1957年頃にこう言っていた。「こんな調子でテレビが普及すると今に日本人の思考は鈍化するであろう。子供は勉強を放り出し、青年は思索を失ってテレビの前でバカ笑いする。かくて将来、日本人一億が総白痴となりかねない」[6]。この松本清張氏の批判は、筆者の青少年時代の事を思い出すと、かなり痛い指摘になっていると感じる。

そして、数十年後、西暦2000年頃に、ある放送プロデューサーがこう言った。「大宅壮一は正しかったな。四十年あまりで一億総白痴化は完成したんだから」。テレビを当たり前にして見ている世代が現在、日本人の多数を占めているが、一方で、こういう冷静な見方をしている人も、当のテレビ制作側にいるのだ[7]。

テレビを十年以上やめてきた筆者が、現代のテレビ世代（高齢者以外だ）を観察して感じるのも、「自分の頭で考えない人間」が多いのではないか、という事だ。「知識」に頼ってばかりなのだ。テレビがああ言っていた、新聞或は雑誌、ネット（有名なもの）にこう書いてあった、となればそれを「信じる」だけで終わる。自分で考えず、知識だけなのだ。だから筆者が、テレビにも新聞にも有名な雑誌・ウェブサイトにもない事を言うと中々話が通じない事が多い。中々どころか、全く通じない事もある。受け手が、その話はどうなのだろう、とその場で考える事をしないからでもあるし、またメディアの話にない身の回りの事について普段から色々と考えて自分なりの考えが頭に出来ているという事がないからでもあるのだろう。

ところがテレビ世代でない年配の人に同じ事を話すると、拍子抜けするほど簡単に話が通じる事がある。そういう事を筆者は今まで何度か経験している。

繰り返すが、テレビは、次から次へと情報が正に洪水の如く流されて来る中で、立ち止まって考えるヒマを与えてくれないメディアである。こういう事が続くと、そのうち人は、やはり「じっくり考える事をしない」人間になっていかないだろうか？

最近は「テレビ離れ」という事も言われ出しているが、それは視聴者がインターネットにも時間を費やす様になって来ているのが最大の理由らしい。しかし、そのネット利用では、動画視聴がダントツに多いという調査もある。それならテレビ視聴と事情は余り変わっていない様でもある。

ただ、「テレビ嫌い」という人も少しばかりか出て来ていて、これはネットで調べれば分るが、これにはネット動画も含まれているのだろうか？　それともいないのだろうか？　ともかく、立ち止まって考える機会や、「黙想」の時間が少しでも増えるのなら良いのだが、実際はどうなのだろうか？

子供には、「作りごと」よりも、まず現実社会を先に……？

この項目のタイトルだけで、もうここで言いたい事が大体はお分かりになるのではないだろうか？

例えば、テレビやネット動画でも見る事ができるバラエティ番組では、出演者は次から次へと面白い事を言ったりやったりしているはずだ。また、ドラマや映画などでは、殴る、蹴るの暴力シーンが出てきたりする（昔はドラマ・映画などで、こういうシーンが良くあったが現在はどうなのだろうか良くは知らない）。しかし、現実社会もそうだろうか？　そうではないはずだ。学生時代を終えて「仕事」社会に生きる人には特にそれが分かると思う。テレビやネット動画とはずいぶん違うのが、現実社会であると気付くはずである。

私事で恐縮だが、私は、子供の頃、お笑い番組が好きで——父親が良く見ていたので、それに影響された部分もありそうだが、実際、私自身、面白いので好んで自ら進んで見ていた、——どうも、現実社会も、あれに近いものではないかと勝手に想像していたフシがある（恥ずかしい話だが）。しかし現実社会は、やはり違った。当たり前だが。しかし、それで後になって頭を修正しなければならなかった。

また、一見、現実社会を映しているかに見えるニュースやドキュメンタリーでも、ニュースは現実社会のごく一部だけを拡大している訳で、また事件・事故などネガティブなものが多いが、実際の自分の周囲を考えるとそれほど大きな話はそんなに無い事にも気付くはずだ。ドキュメンタリーにしろニュースと同じ面があるが、またドキュメンタリーの場合は、特に映像の作り手の意思が反映して、作り手の関心事だけがクローズアップされてしまう可能性もあるはずだ。

ともかく、ここで言いたい事は、特に未だ世界観の出来ていない子供時代にテレビやネット動画ばかり見ていると、現実社会に対する見方に少々歪みが出て来ないだろうか？という事だ。

論点は少し異なっているかも知れないが、アニメ界の巨匠として長年映像メディアに携わって来た宮崎駿氏は、解剖学者の養老孟司さんとの対談の中でこう言っている。

「親から、『うちの子どもはトトロ（筆者注：宮崎駿氏のアニメ代表作の一つ）が大好きで、もう100回くらい見てます』なんて手紙が来ると、そのたびにこれはヤバイなあと、心底思うんですね。誕生日に一回見せればいいのにって（笑）。結局、子どもたちのことについて、なにも考えてない。だって結果として、養老さんが言うところの脳化社会にぴったり適応するような脳みそ人間だけを育てようとしてるでしょう。トトロの映画を一回見ただけだったら、ドングリでも拾いに行きたくなるけど、ずっと見続けたらドングリ拾いに行かないですよ。なんで、そこがわからないいんだろうと思うんだけど。いっそビデオの箱に書きたいですね、『見るのは年に1回にしてください』って（笑）」（『虫眼とアニ眼』新潮文庫 p43より）

宮崎氏はこうも言っている。

「僕は散歩が好きだ。それにしても、ぼく等の町って、どうしてこうつまらないんだろう。これでは、子供はスグ虫眼（筆者注：虫や自然に対する発達した観察眼）をなくすし、外で遊ばなくなるのは当然だと思う。（中略）で友人とどうしたら良いかと話をして来た。そんなことをやっとる内に、子供達にはっきり結果が出て来た。全部とは言わないが……、若い人たちがおそろしくやさしくて傷つきやすく、おそろしく不器用でグズでいい子なのだ……。この子供達は小さい頃から非現実（バーチャル）のものバカリにとりかこまれて来たのだ。（中略）生活のあり方をかえないとこの文明は亡びるぞ　家をかえよう　町をかえよう　子供達に空間と時間を!!」（以下、宮崎氏の想像する「こうあって欲しい町」像がイラストと文で描かれてゆく）。（同書中「養老さんと話して、ぼくが思ったこと」p9-p11より）

本来、アニメを見て欲しいはずの立場の宮崎氏ですら、子供にとっては、非現実的な映像世界よりも現実世界の方が大事だと言っているのだ。

元来、大人の頭は「現実の世界」がどういうものか大体認識が出来上がっているだろうが、子供はそうではないだろう。子供は昔から、毎日見た事のない現実世界に接してそれを学習してゆくという事を繰り返して来たはずだ。その時代に、非現実の映像で、実際の世界から余りに離れた世界ばかりを見せるのは、やはり、頭のゆがみ、世界観のゆがみに繋がってゆくのではないだろうか。

そして、これは、現在子供である人間だけに限った話とも限らず、そうやって「大人」になってしまった人への忠告にもなっているかも知れない。

電子メディアからある程度の距離を置くためのヒントをもう少し

これまで書いた事で、読者が本当にテレビやスマホ、電子ゲームなど電子メディアとの付き合い方を考え直そうと思ったか、まだちょっと分からないが、その気になった人のために、ここではテレビのスイッチを切るためのヒントをさらに少し書いておく。また、このテレビについての記述は、他の電子メディアについても参考となるかも知れない。

まず、何となくテレビを見たくなるのは、スイッチを切った状態の、あの黒い画面が目に入るから、という理由も実はあると考えられる。これは、例えば麻薬中毒患者は、何かしら「白い粉」を見ただけで脳が猛烈に反応するというが、テレビの黒い画面はそれと似た作用を持っているのではないだろうか。そこで、テレビ画面を布で覆って隠してしまうのである。本当に、これだけで見ようという気が減じるはずだ。

この対策は、パソコンでのネット視聴やネットゲームにも応用できそうだが、ではスマホの場合はどうすれば良いだろうか？　各人で工夫してみて欲しい。

テレビに関して、もう一つの対策として考えられるのは、テレビを家族の集まる居間から別の部屋に移動させてしまう事だろうか。なるべく離れた場所が良い。そうすると、そこまでテレビを（特に一人では）見に行こうという気がかなり失せるはずだ。また、家族の誰かがそこまでテレビを見に行っている時は、居間に残った者達にテレビ音声が聞こえないようにした方が良いだろう。そうしないと、居間に残った者が気が散るかも知れないし、その音声につられてテレビを見に行きたくならないとも限らないからだ。どうしても音声が居間まで聞こえて気になる場合は、手元スピーカーかヘッドホンで聞くのも手かも知れない。

電子メディアのスイッチを切った後に何が見えてくる？

さて次に、筆者の10年以上に渡った「全くテレビをやめていた期間」の感想をここで書いておく。それで読者に筆者と同じ様な極端な行為を勧めるつもりがある訳ではないが、参考となるかも知れないので記しておく。

筆者がテレビをやめて、何が変わったかというと、先に書いた事（家族への関心など）の他に、他人との会話、コミュニケーションが以前に比べて全くスムーズにいく様になった事が挙げられる。これは正直、発見だったし驚きでもあった。以前は友人との会話ならともかく、見ず知らずの人と喋るのが苦手だったが、ところがテレビをやめて何年か経つ内に、それが全くスムーズに出来る様になって来た。特に年配の人との会話が苦なく出来るようになったのはうれしかった。また、そういう年配の人などから「話がしやすい」とほめられる事が何度も出て来る様になった。テレビをやめる前はそんなこと一度も言われた事が無かったのにだ（まあ自分でも以前なら褒められる事はまず無かっただろうとは思う）。

しかし、その事を、それはテレビをやめたからではなく、偶然その時期にあなたの性格が変化しただけだ、と言う人がいるかも知れない。しかし、そうではないと思う。というのは、テレビをやめる、時間を減らす事で「デフォルト脳活動」（黙想）が活発になり、頭の中が整理され、また相手の気持ちを察する能力なども進歩してゆく事が想像出来る（前述）。また、「不自然な環境」（不自然なコミュニケーション）から解放されるという要素もあるだろう。そうなって来ると、やはり会話もスムーズになる事は考えられるだろう。年配の人達はテレビ無しで成人した人達で、テレビの影響を受けずに、（普通は）十分なデフォルト脳活動を経て、頭がナチュラルに発達して来た人達である。「人間本来の環境」で育った人達と言ってもいい。つまり、そういう人達との会話がスムーズにいく様になったというのは、私も、成人後・30代からの「テレビやめ」実践だったが、年配の人達と通じ合える、似た頭、つまり、少しはナチュラルな脳になったのかなと思う。テレビを見なくなった当初は両親と同居だったのだが、前に書いた様に、両親の貴重な昔話をいくつか聞けたのも、テレビをやめたおかげかも知れない（時間を減らすだけでも良かったかも知れないが）。

また、（ちょっと恥ずかしい言い方だが）以前より少しは「思慮深い」人間になれたかなとも思う。以前なら、あまり考えもせずに軽はずみな行動をして、それを何とも思っていなかったフシがあった様に思うのだが、「黙想」の機会がかなり出て来た事で、それらの事を思い出して反省し、バカな事をしていたな、と思う様になった。そして、少しは考えて行動するようになっただろうか（それほど自信はないが）。

また、筆者と同じく、テレビやめの体験談を書いている人によると、「自然の美しさ」に改めて気づいて感動したという話なのだが[8]、筆者も実は似た体験をしている。数十年間生きて来て、生まれて初めて春のサクラの花に心から感動したのだ。そして、筆者は生活環境の事にもより注意が行く様になり、より良い環境を求める様になったのだが、これも「自然を美しいと思う気持ち」と無関係ではないのだろう。

また、自分が生きている「社会」についても以前より深く考える様になったかも知れない。そうとすれば、これも収穫だっただろう。

子供の学力が向上するかも……

電子メディアの時間を制限して、子供の学力が向上したという話もいくつかある。第四章でその一例を紹介したが、他に近年有名な所では、自分の子供4人全員を東京大学「理Ⅲ」（理Ⅲは主に医学部に進級する）に合格させた教育法で一躍有名になった佐藤亮子さんの教育法の一つが、テレビ・電子ゲームは（漫画も）「日常的には」見せない、させないで、タマに許すというものだった（佐藤亮子さんのこの教育法を書いた出版物は多数ある）。

また、第四章で紹介した例は、山間の町立小学校教諭・陰山英男氏の教育法だったが、ここでこれをもう一度要約しておけば、氏は、児童が勉強に身が入らないのは家庭でのテレビのつけっぱなしが影響していると見て、テレビ視聴時間を一日1時間以内にするように指導すると、実際には視聴が一日30分以内になった子供も2、3割はいる様になり、そして同時に読み書き・計算といった基礎学力に重点を置いた教育を行なったのだが、これらの教育法の実践後、この山間の平凡な公立小学校の卒業生の2割もが難関の国立大学に合格するという「奇跡」を生んだのだった。

また、こういう例もある。乳幼児期に発達障害的な症状が出ていた子供が、テレビを一切止めるという指導をもらった後、症状が改善してゆき、結局は東京大学の「理」に合格したという話だ。[9]

これらの話について、学力が上がったのは偶然ではないだろうと筆者は思う。テレビなどをやめた結果、本や勉強の方に興味がいくのは自然な事だろう。

但し、子供達にとって「楽しい事」は、脳を活発にし、ひょっとすれば頭が良くなる一要素となる事も考えられる（本当か分からないが）。また、電子メディアは子供達にとっても貴重な情報源ともなりえる。そこで、電子メディアとの距離をどう置けばよいかだが、もし親がそういった電子メディアの管理権限をもって時間などをコントロールできるのなら、その内、一番良い「距離」が見えてくるのではないだろうか。一方の子供はそういうものをうまくコントロールできないと考えるべきで、子供は何が「ナチュラル」（普通）な生活・感覚なのか、今一つ分かっていないはずだからだ。

最後に、浦島太郎の話を

なぜ、最後に浦島太郎の話が出て来るのか分からないだろうが、読んでいる内に分かって来るだろう。

この浦島太郎伝説の内容をよく伝えているものとして、現在、一般に知られている「浦島太郎」の歌の歌詞をまず書き出してみる。

昔　昔　浦島は　助けた亀に連れられて
竜宮城《りゅうぐうじょう》に来てみれば　絵にもかけない美しさ
乙姫様《おとひめさま》の御馳走《ごちそう》に　鯛《たい》やヒラメの舞い踊り
ただ珍しく面白く　月日の経つのも夢の中《うち》

遊びに飽きて気が付いて　お暇乞《いとまご》いもそこそこに
帰る途中の楽しみは　土産《みやげ》にもらった玉手箱

帰って見れば　こは如何《いか》に　元いた家も村も無く
道に行《ゆ》きあう人々は　顔も知らない者ばかり

心細さに蓋《ふた》取れば　開けて悔《くや》しき玉手箱《たまてばこ》
中からぱっと白煙《しろけむり》　たちまち太郎はおじいさん
（明治44年6月文部省発刊『尋常小学唱歌』の第二学年用の歌、作詞・作曲者不明）

ここに歌われた浦島太郎のストーリーは、現在まで伝わるこの伝説の最も古い部類のものに属する古代の『万葉集』や『風土記』の中にある浦島伝説をほぼ踏襲したもので、それらをうまく要約したものになっている。

ところで筆者は「超古代文明」の可能性について関心がある。但し、古代以前に現代文明を凌駕する様な未来文明があったとする様な、一部のカルト的主張は余り信じていないが（もしそんな文明が過去にあったとすれば、その痕跡が現代にも残っているはずだが、そんなものは見当たらない）、ただ現在知られている古代文明と同程度か、或はもう少し進んだ文明があった可能性はどうか?と、夢想している所だ。そして、その文明の中心地の一つは、約1万年前以前の氷河期頃に存在していた東南アジア赤道直下の亜大陸・スンダランドであったのかも知れないと今の所、想像している。このスンダランドは今のインドネシアとその周辺海域の範囲に存在していた。筆者の他にこの話に注目している人として、イギリスの著述家・スティーヴン・オッペンハイマーがいて、彼は『Eden in the East:The Drowned Continent of the Southeast Asia』という著書の中で、「スンダランド文明」の可能性について書いている様だ（但し、この著書の邦訳は未だ無い）。スンダランドは氷河期には存在していたのだが、氷河期が終わり、海面が約１００ｍも上昇してゆくという劇的な事件によって、海中に没してしまった。

さて、浦島太郎伝説の話に戻る。日本で知られている浦島伝説と類似の伝説が、実は南太平洋諸島にも伝わっている。ここからのおぼろげながらの想像なのだが、浦島伝説は、元々、スンダランドにあった伝説ではないのか？　それがスンダランドが海中に没して、その移民が、北方向の日本へ、また東南東方向の南太平洋諸島にも散って、この伝説を伝えたのではないかと考えたいのである。というのは、日本の浦島伝説に出て来る竜宮城が、海のはるかかなたの「大きな島」にあったと伝わっている事（『万葉集』の浦島伝説では遥か彼方にあった事が書かれていて、『風土記』では浦島が行った所は「大きな島」だったとなっている）、また、先の小学唱歌では、竜宮城は海中にあったと考えている様だが、これも、海中に没したスンダランドを連想するものではないだろうか？　ただ、スンダランドのあった現在のインドネシアに、浦島伝説と類似の伝説があるという話は知らない。インドネシアでは、のちに他の文明の影響を色々と受けて浦島伝説は忘れられてしまったのかも知れない。

それにしても、浦島伝説は不思議な伝説である。非常に印象的な話内容なのだが、その中に何かの教訓、寓意を含んでいるのか、今まで納得のいく解釈が見当たらないのだ。

しかし、ここでこの浦島伝説に対する筆者の解釈を書く。浦島太郎が連れて行かれた遥かか遠くの大きな島（海中とも）にある竜宮城では、夜な夜な「鯛やヒラメの舞い踊り、ただ珍しく面白く、月日の経つのも夢の中」（小学唱歌より）「仙界（注：竜宮城）の歌は遠くまでよく響き、仙女の舞姿はなまめかしかった。華やかな宴は人の世のものと比較できない程だった。仙界では日が暮れるという事も分からなかった。（中略）そうして嶼子（浦島太郎の事）は故郷を忘れ、仙界に遊んで3年の月日が経った」（『風土記』より）とある。

……しかし、こういう世界は何かを思い出さないだろうか？　……これは、現代人が「テレビ」「ネット」「電子ゲーム」といった「電子メディア」の前で夜な夜な過ごしている様子に似ているのではないか？　もちろん筆者は、スンダランドに電子メディアがある高度文明が存在したなどとは思っていない。『風土記』にある様に、それは電子メディアでなく実際の「宴《うたげ》」「ショー」だったのだろう。しかし、浦島太郎は、そうやって夜な夜な面白おかしく遊んで「月日の経つのも夢の中」「故郷を忘れ仙界に遊んで3年が経った」(『風土記』より)のだという。

そしてその後、浦島はふと我に返り、故郷の事を思い出して帰って見たくなった。そこでその事を乙姫に願い出、故郷に帰る事になる。しかし、実際に帰ってみると、元住んでいた家も里も見当たらず、人も里もすべてが変わってしまっていた(『万葉集』『風土記』による)。そこで浦島はその村の人に、自分の家族の事を知らないか聞いてみた。すると村人が答えて言うには、「あなたは一体どこの人なのか？　大昔の人の事を聞いているのか？　私が古老たちから聞いた話だが、前代に浦の嶼子(浦島太郎の事)という者がいて、一人で海原に出ていって帰る事が無かった、そして今まで300年の歳月が経っているというのに、どうして急にそんな事聞くのか？」(『風土記』による)。その後、浦島が竜宮城から持ち帰った玉手箱を開けると、みるみる白髪のおじいさんになってしまったという話は読者も良く覚えているだろう。これは『万葉集』にもある話だ。

毎夜の「宴会」を楽しんだあと、我に返って故郷へ戻ると、実は長い年月が経ってしまっていた、というのがこの浦島伝説の要約と言えるか(伝説なので、その年月がやたら長く誇張されているとも考えられる)。つまり、この伝説の真意は、こうではなかったのだろうか？　夜な夜なの長時間の宴会では、自然な年の取り方をしない、年を取れない(大人になれない)、そして後で困る事になる、という所にあったのではないだろうか？　この宴会に似たものとは、今まで書いた通りで、もうお分かりの事と思う。

［了］

注

［1］『ダメなものは、タメになる テレビやゲームは頭を良くしている』スティーブン・ジョンソン、翔泳社（2006年）

筆者はこの本の内容を十分には確認していないが、この本では、最近のテレビや電子ゲームではストーリーや構造が複雑化してきていて高度な思考が必要なものが多くなってきており、むしろ頭を良くする、という主張らしい。そして、その根拠として挙げているのが、1932年〜1978年にわたって人間の知能指数（IQ）が向上し続けているという研究結果であるという。しかし、IQが向上していたとこの研究が指摘するこの時代は、大部分の時期が、テレビなどの電子メディアが無かった時代なのだ。またIQは、生活環境の改善や教育環境の向上でも伸びると言われている。気温が高すぎてもIQが低くなるという統計的研究さえある。エアコンが普及し、食生活も昔に比べ改善され脳にも十分な栄養がゆき渡り、というそれだけの条件でもIQの伸びは予想できる。教育が充実すればなおさらだ。しかも、その後の時代の複数の研究によると、知能指数（IQ）はここ数十年、逆に低下しているという結果になっている。ノルウェーでの研究結果で見ると、1975年生まれ以降の人でＩＱの低下がみられるという（いわゆるテレビ世代だ）。
但し、ＩＱの向上に、テレビやネット、電子ゲームといった新しいモノの効果が全く無いとは言い切る事は出来ないかも知れない。例えば「楽しさ」が脳に良いらしい事は本文でも触れたし、電子メディアが人に「適度な」刺激を与えているだけなら悪くないかも知れない。脳の一部分なら、テレビや電子ゲームが鍛えているという面はあるかも知れないと筆者も思っている。また、電子メディアの情報は現代社会を生きてゆく上で必要なものでもある。しかし、再度言うが、その電子メディアの「過剰使用」によって、「害」の方が問題になって来るのではないかという事なのだ（以上参考：ウィキペディア「知能指数」「フリン効果」など）。

［2］ウェブ：「否認-e-ヘルスネット」（厚生労働省ページ）

［3］ウェブ：「〝スマホ脳過労〟記憶力や意欲が低下!?―ＮＨＫクローズアップ現代＋」

［4］ウェブ：「東亜日報「テレビを消しただけで…「生活が楽しくなった」ある離島の実験」（２００８年３月18日、２０２０年１月29日閲覧）

［5］・前者：『放送朝日』（１９５７年１月号）「一九五七年のマイク勘どころ」／北村充史 著『テレビは日本人を「バカ」にしたか？』平凡社新書 p90-p91より
・後者：『週刊東京』（１９５７年２月２日号）「言いたい放題」／北村氏同著 p92-p93より

［6］『放送朝日』（１９５７年８月号）「テレビに望む テレビジョン・エイジの開幕」／前書『テレビは日本人を「バカ」にしたか？』p107-p108より

［7］前書『テレビは日本人を「バカ」にしたか？』p13-p14

［8］『情報断食』鈴木七沖 著　きずな出版（2020年）より
［9］ルナ子供相談所の指導による。岩佐京子 著『危険！・テレビが幼児をダメにする!!』コスモトゥーワン（1998年）p5‐p7より

おわりに

「黙想」という言葉をキーワードにしてこの本を書いてきた。その状態に、実際に「黙想」の語を選んだのは筆者が最初かも知れないが、例えば「スマホ認知症」（第三章・第六章参照）の問題を取り上げている精神科医や脳科学者の中からも、「黙想」の語は使っていないが、同じ状態を意味している「ボーっとしている状態」（＝デフォルト・モード・ネットワークを使ったデフォルト脳活動の状態）が重要だとの指摘が出て来ている。

そして、この黙想状態が現代人に不足してしまったのは、やはり、テレビに始まった「電子メディア」（インターネット・電子ゲームなど）の登場による所が大きいのではないかと筆者は述べてきたが、一方で、電子メディアは私たちの暮らしを豊かにして来たし、現代では必需品と言えるものになっている。しかし、この電子メディアの「依存性」から、「使い過ぎ」に陥りがちで、これが、本来あったはずの「黙想状態」の機会を減らしているのではないかという事が問題なのだ。

この黙想状態は、成人には必要だが子供には十分には見られないとの既存説があったが（第一章）、これを認めても、「子供」より少し上、少なくとも少年・青年期での黙想状態は精神成長・成熟に必要なものと筆者は考えている。第四章で示した脳内のシナプス（脳内の神経同士をつなぐ接点）のこの時期における減少の様子も、この考え方に符合している様に見えるものだ。

テレビを中心とした電子メディアの「不自然な環境」（具体的には、不自然なコミュニケーション性、刺激過多、現実でない映像など）の影響の問題も第三章を中心として取り上げた。

テレビ世代といえば、今の60歳代半ばくらいから下で、生まれた時からテレビを見ていた世代はおおよそ今の50歳代前半以下だろう。しかし、こういう世代中心に構成されている現代社会の中で起きている様々な問題のいくつもが、以上に書いた「黙想の欠如による脳への悪影響」（と、上記したテレビに代表される電子メディアの「不自然なコミュニケーション性・環境」）という点から解けるのではないかと思う。例えば「子育てに悩むお母さん」などの問題（第五章）の他にも、本文では触れていないが、「児童虐待の問題」「モンスターペアレントの問題」（モンスターペアレントとは、子供が通う学校に対して理不尽な苦情を繰り返す親の事）、「毒親」、また「心の病の増加」、そして「晩婚化・非婚化」「少子化」の問題など、様々な問題に関係しているのではないかと筆者は感じている。

また、最近ネット上の「誹謗中傷」の問題も、よく話題に上るが、この問題にしても、「相手を思いやる気持ち」の未発達が生んでいる部分が大きいのではないかと思う。この「相手を思いやる」「他人の感情を推測する思考」がどうやって発達してゆくかも、この本を読んだ読者にはおのずとお分かりになっているのではないだろうか。

ところで、成人して仕事に就いている人では、学生時代ほど自由な時間はないだろうし、余りに忙しすぎると、黙想の機会を意識しようにも、その時間がほとんど出来ないとすれば、それはそれで問題だろう。この場合は、むしろ仕事社会の問題によって黙想の機会が奪われているというべきものだが、この問題については、この本では十分に言及できなかったきらいがある。ただ大人でも、余程でない限り、普通は意識すれば「一人でボーっとする機会」は作れると思うので、ぜひその機会を持つ事ができたら良いと思う。
なお、こういった近年の働きすぎ、忙しすぎる生活も、電子メディアの使用過多が一つの遠因となっているのかも知れない事も第二章、第五章あたりで述べた。
思えば人間の頭は、本来の「自然な環境」の中で十分に能力が育つ様に微妙にうまくプログラムされているのかも知れないと、この本を書いた後に筆者は感じている。

そして最後にもう一度述べておくが、「電子メディア」という「文明の利器」は私達に多くの恩恵をもたらしている。だからこれをうまくコントロールしてゆく事こそ大事なのだと思う。つまり、この本では、電子メディアを否定しているものでは決して無い。電子メディアの「娯楽」にしろ、それ自体が悪いという訳ではないし、電子メディアには、脳の活動を活発にするという一面もある様だ。

しかし、これの過度の使用による害と考えられるものが出て来ている事を指摘したかったのだ(但し、幼い子供にはできる限り制限すべきと考える。本文参照)。これらの事を心に留めて、電子メディアを一度客観的に眺め、また、生活の中で、ある程度の「ボーっとして物を考えている時間」が実現できれば、それで良いだろうというのが、この本での主旨である。

中村　昂（なかむら　こう）

大阪府立大学総合科学部生命科学コース卒業。
市役所職員、上大学研究生、心臓疾患での休養期間などを経て、現在は科学分野、古代史分野、日本人の起源などに関して、在野での研究・執筆を続けている。

既刊書に『金髪碧眼《きんぱつへきがん》の鬼達——鬼・天狗・山姥は白人的特徴を持っていた』（ＪＤＣ出版・２０１５年刊）がある。

テレビ・スマホを
消したあとに見えてくるもの
——「大人になる」ための意外で簡単な方法——

発行日
2023年12月1日

著　者
中村 昂

発行者
久保岡宣子

発行所
JDC出版
〒552-0001　大阪市港区波除6-5-18
TEL.06-6581-2811(代)　FAX.06-6581-2670
E-mail：book@sekitansouko.com
H.P：http://www.sekitansouko.com
郵便振替　00940-8-28280

印刷製本
モリモト印刷(株)